JR's Railway Cars

日本*JR*
鐵道車輛
全圖鑑

② 氣動車篇

原口隆行・編著
井上廣和・攝影

日本JR 鐵道車輛全圖鑑

❶ 電車篇

JR 鐵道車輛型號
索引　INDEX

H5 系 H1「隼號」

885 系「海鷗號」

E259 系「成田特快」

◆2 氣動車篇

氣動車

キハ 283 系「Super 大空號」

機車

C61 型 20 號「SL Retro 碓冰號」

客車

愉快列車

JR 鐵道車輛型號
索引　INDEX

キハ 40 系「花嫁暖簾號」

如何閱讀本書

① 本書刊載名列 JR 旗下七社的所有車輛（貨車除外），並附照片及解說。

② 各車輛依車種、型號分門別類。電車另依供電方式，區分為直流式、交流式、直交流式之車款。

③ 針對新幹線等人氣特急車輛，均附有車輛照片及解說，並記載詳細的列車資訊，以及較具代表性的車廂編組。此外，車廂編組中，綠色區域代表綠色車廂，箭頭指向則代表列車的行駛方向。

④ 本書所刊載的車輛資訊，其運行所需時間與表定時速，原則上根據下行車輛中編號較小列次的數據，但亦有部分例外。

⑤ 書中刊載的車輛與相關資訊為 2017 年 9 月之內容。然而 JR 旗下各社或各地區的班次改點頻繁，所需時間和表定時速也會隨之變動。各位搭乘時，務必確認最新的時刻表。

⑥ 除了機車與貨車，所有車輛皆可歸類為某種「系」或「型」。「型」是指只有單一型號之車種，由多個「型號」構成的車輛則編組為「系」。針對「編組」的車廂節數，當車輛型號名稱為「型」時，就算只有1 節編組，此型號名稱的列車也有可能是以多節車廂的方式運行。因此即使「編組」的節數為 1 節，照片中也有可能出現多節車廂編組。

⑦ 針對可駛入 JR 線的私鐵與第三部門鐵道車輛，本書也特別以專欄形式介紹鐵道迷感興趣的車款。

氣動車

Diesel car

氣動車 *Diesel car*

特急型

キハ40系

投入營運：1977年	編組：2節	驅動方式：液力傳動柴油
引擎	最高速度：85km/h	

キハ40系原本是近郊型的氣動車（參照P.137），產量達888

輛，目前仍有近700輛活躍於普通列車與快速列車中，但也有不少改造成愉快列車的車輛。然而，改造成特急車輛的，只有JR九州的「伊三郎號」（いさぶろう）、「新平號」（しんぺい）、「翡翠 山翡翠號」（かわせみ やませみ）及「指宿之玉手箱號」（指宿のたまて箱）。

這4款車皆屬觀光列車，與愉快列車相似。「伊三郎號」與「新平號」使用相同車輛，只是下行與上行的暱稱不同罷了。

伊三郎號・新平號

JR 九州

在大畑站體驗之字路線與螺旋路線的觀光特急

「新平號」與「伊三郎號」的路線完全相同，但僅設定為上行列車。「伊三郎號」到了吉松後，會直接改名為「新平號」開回熊本，其中的人吉～吉松路段屬普通列車。此外，「伊三郎號」之名是源自當年建設肥薩線（當時稱鹿兒島線）時，時任遞信省（過去掌管日本郵務、通訊的單位）大臣的山縣伊三郎；「新平號」則是源自人吉～吉松路段通車時，擔任鐵道院總裁的後藤新平。

行駛區間：熊本～吉松	行駛距離：122.5km	所需時間：2小時51分鐘（1號）
列車班次：1列次往返	表定時速：43.0km（1號）	

沿著球磨川駛於肥薩線的「伊三郎號・新平號」

「伊三郎號」、「新平號」車廂編組

2號車	1號車
普通車	普通車
自由席/指定席	指定席

←熊本　　吉松→

翡翠 山翡翠號

JR 九州

欣賞三大急流景緻的觀光特急列車

相對於「伊三郎號」與「新平號」的行駛區間為肥薩線的熊本～吉松段，「翡翠 山翡翠號」則行駛於俗稱川線的熊本～人吉路段。是能夠欣賞日本三大急流之一——球磨川景緻的觀光特急列車。2017年3月14日亮相，採2節編組，內裝走木質風格，並配置了豪華的4排座。

行駛區間：熊本～人吉	行駛距離：87.5km	所需時間：1小時32分鐘（1號）
列車班次：3列次往返	表定時速：57.1km（1號）	

前2節車廂分別漆成了藍色與綠色，並裝飾有鳥類插畫與圖案標誌

「翡翠 山翡翠號」車廂編組

2號車	1號車
普通車	普通車
指定席	指定席

←熊本　　人吉→

指宿之玉手箱號

JR 九州

欣賞錦江灣與櫻島風光的觀光特急列車

「指宿之玉手箱號」是JR九州2011年3月12日啟用九州新幹線時，投入指宿枕崎線鹿兒島中央～指宿路段的觀光特急列車。此暱稱源自於當地的浦島太郎傳說，是全車皆為指定席的2節編組觀光特急。車內為木質風格，雖配置三排座，但1人座全部面朝錦江灣，角落還設有沙發。

行駛區間：鹿兒島中央～指宿	行駛距離：45.7km	所需時間：51分鐘（1號）
列車班次：3列次往返	表定時速：53.8km（1號）	

搭乘時可看見煙霧飄出，此設計發想是源自浦島太郎傳說。究竟要從白色還是黑色一面拍攝可是令人難以抉擇

「指宿之玉手箱號」車廂編組

2號車	1號車
普通車	普通車
指定席	指定席

←鹿兒島中央　指宿→

キハ70・71系

投入營運：1989年　編組：4節　驅動方式：液力傳動柴油引擎　最高速度：95km/h

キハ70、71系是和キハ72系一起投入久大本線的人氣特急列車，「由布院之森號」（ゆふいんの森）的車款。算是第一代車輛，以キハ58系與キハ65系為原型車改造而成。

4節編組，全為高層式設計。車身則是塗裝成以沿線森林為概念的深綠色，能與沿線風光充分融合。車廂採用木質內壁與地板，呈現出懷舊氛圍。1989年3月11日開始投入營運。

出入口與客室間還設有投幣式置物櫃，此外，3號車為餐車，並設有面對面座椅。

由布院之森號

JR 九州

沿筑後川行駛，眺望雄偉由布岳的觀光特急列車

「由布院之森號」是經鹿兒島本線、久大本線、日豐本線，連接起博多與別府的列車，1989年3月11日開始運行。「由布院之森號」雖屬於季節性列車，卻幾乎每天運行。但2017年7月的豪雨導致由布院車站附近的鐵橋崩毀，使得當時只能繞行日豐本線。

行駛區間：博多～別府　行駛距離：189.3km　所需時間：3小時11分鐘（3號）　列車班次：1列次往返　表定時速：59.3km（3號）

以久大本線的森林為概念並裹上金色粗帶，相當受觀光客歡迎的特急列車

「由布院之森號」車廂編組

	1號車	2號車	3號車	4號車
	普通車	普通車	普通車	普通車
	指定席	指定席	餐車 指定席	指定席

←博多　　　　　　　　別府→

キハ72系

投入營運：1999年　編組：5節　驅動方式：液力傳動柴油引擎　最高速度：120km/h

キハ72系是和キハ70、71系一起投入久大本線特急「由布院之森號」的車款。目前使用的是第二代車輛，與キハ70、71系一樣都是高層式設計。在1999年3月11日取代既有的キハ183系，開始使用在「由布院之森號」。

4節編組，全為高層式設計。車身則是塗裝成以沿線森林為概念的深綠色，車廂採用木質內壁與地板，呈現出懷舊氛圍。3號車為餐車並設有面對面座椅。

由布院之森號

JR 九州

駛於博多～由布院的復古列車

經鹿兒島本線、久大本線、日豐本線，連接起博多～由布院的列車。キハ72系的「由布院之森號」負責博多～由布院間的運行。

行駛區間：博多～由布院　行駛距離：134.8km所需時間：2小時12分鐘（1號）　列車班次：2列次往返　表定時速：61.3km（1號）

以由布岳為背景的「由布院之森號」，能從高層式車廂欣賞沿線風光

「由布院之森號」車廂編組

	1號車	2號車	3號車	4號車
	普通車	普通車	普通車	普通車
	指定席	指定席 餐車	指定席	指定席

←博多　　　　　　　　由布院→

キハ85系

投入營運：1989年	編組：4、5節 驅動方式：液力傳動柴
油引擎	最高速度：120km/h

キハ85系是JR東海為了汰換掉キハ80系，製造的首款特急用氣動車，於1989年2月20日起投入高山本線特急列車「飛驒號」（ひだ）的運行。

車體極具現代感，座位處的高度比車廂地面更高，使視線更佳。車內氛圍沉穩，是舊國鐵未曾有過的設計。

キハ85系以輕量不鏽鋼打造（僅前頭部分為普通鋼），搭載美國康明斯公司（Cummins）製造，2組350HP的引擎，輸出能力為80系的2.5倍。

（Wideview）飛驒號

JR東海

穿過飛驒川溪流行駛的特急列車

「（Wideview）飛驒號」（（ワイドビュー）ひだ）的前身「飛驒號」是在1968年10月1日登場，使用的車輛為キハ80系。接著在1989年2月18日切換為キハ85系後，有著連續彎道與爬坡的高山本線之旅頓時變得更加舒適。

行駛區間：名古屋～高山、飛驒古川、富山　行駛距離：166.7km（名古屋～高山）、256.1km（名古屋～富山）　所需時間：2小時31分鐘（1號）　列車班次：9列次往返（名古屋～高山4列次往返、名古屋～飛驒古川1列次往返、名古屋～富山4列次往返）　表定時速：66.2km（1號）

「（Wideview）飛驒號」車廂編組（一例）

1號車	2號車	3號車	4號車
普通車	普通車	普通車	普通車
自由席	指定席	指定席	指定席

←名古屋　　　　　高山→

沿飛驒川行駛的「（Wideview）飛驒號」，車身裹著代表JR東海的橘色帶

（Wideview）南紀號

JR東海

從名古屋引領乘客
認識紀伊半島東部的特急列車

紀勢本線雖然以新宮切分為JR東海與JR西日本管轄，但JR東海區間並未電氣化。投入此區間，並運行至紀伊勝浦的，是キハ85系的「（Wideview）南紀號」（（ワイドビュー）南紀）。自國鐵時代的1978年10月2日開始名古屋～紀伊勝浦間的行駛，目前仍維持相同的運行系統。キハ85系則是在1992年3月14日投入營運。

行駛區間：名古屋～紀伊勝浦　行駛距離：223.7km　所需時間：3小時51分鐘（1號）　列車班次：4列次往返　表定時速：58.1km（1號）

「（Wideview）南紀號」車廂編組

1號車	2號車	3號車	4號車
普通車	普通車	普通車	合造車廂
自由席	指定席	指定席	指定席

←名古屋　　　　　紀伊勝浦→

可看見南紀藍海的「（Wideview）南紀號」，列車會穿越熊野地區的險峻地形

キハ125型

投入營運：1993年　**編組：**1節　**驅動方式：**液力傳動柴油引擎　**最高速度：**95km/h

キハ125型是為了汰換JR九州已老舊的キハ45系所投入之車輛，由新潟鐵工所負責開發。於1993年1月開始使用在唐津線與筑肥線非電氣化區間的普通列車上，其後亦投入久大本線與豐肥本線的運行。

投入「海幸山幸號」運行的車輛，則是曾使用在第三部門鐵道之下的高千穗鐵道（已解散）的TR-400型，不同於名為400番台的車輛。

海幸山幸號　JR九州

眺望日南海景，悠閒運行的觀光特急列車

「海幸山幸號」是投入日豐本線的宮崎與日南線南鄉之間的臨時觀光特急列車，自2009年10月10日開始運行。

列車名是取自海幸彥、山幸彥，於當地神話中登場的人物。列車以「如木製玩具般的度假村式列車」為概念，車內設計充分營造出木質風格。

於週六假日、春、夏、冬季學校放假期間運行。

行駛區間：宮崎～南鄉　**行駛距離：**55.6km　**所需時間：**1小時34分鐘（下行）　**列車班次：**1列次往返　**表定時速：**35.5km（下行）

沿著日南線海岸行駛，前照燈、雙車頂與側邊的木質設計散發懷舊風情

「海幸山幸號」車廂編組

	2號車	1號車
	普通車	普通車
	自由席 指定席	指定席

←宮崎　　南鄉→

キハ140系

投入營運：2004年　**編組：**2節　**驅動方式：**液力傳動柴油引擎　**最高速度：**95km/h

キハ140系是以キハ147型及キハ47型組成的氣動車，同時是用キハ40系改造而成的特急型車輛。

2004年3月13日，九州新幹線部分開通新八代～鹿兒島中央路段時，便將キハ140系投入「隼人之風號」（はやとの風）開始運行。車廂中間設有木製桌椅的展望席。

隼人之風號　JR九州

享受雄偉高千穗山群的觀光特急列車

「隼人之風號」是2004年3月13日，九州新幹線部分開通新八代～鹿兒島中央誕生的列車。

車體塗裝成皇家黑色，無論是車廂側面或座位全部採用木頭材質，是連接鹿兒島中央與肥薩線吉松的觀光特急列車。

行駛區間：吉松～鹿兒島中央　**行駛距離：**68.5km　**所需時間：**1小時27分鐘（1號）　**列車班次：**2列次往返　**表定時速：**47.2km（1號）

漆黑車身的「隼人之風號」，能眺望錦江灣與高千穗的景緻

「隼人之風號」車廂編組

	2號車	1號車
	普通車	普通車
	自由席 指定席	指定席

←吉松　　鹿兒島中央→

キハ183系

投入營運：1981年　編組：4、7節　驅動方式：液力傳動柴
油引擎　最高速度：120km/h

　キハ183系是考量使用在北海道地區的キハ80系已經老舊，於是以キハ181系為藍本，開發作為汰換用之車輛。キハ183系

不僅加強了輸出表現，更換裝上耐寒耐雪設備，因應寒冷環境中的行駛。配合1981年10月1日石勝線的通車，投入行經石勝線，由函館開往釧路的特急列車「大空號」（おおぞら）中亮相。
　キハ183系亦是首款採用高駕駛座的氣動車，前頭車則是採用名為流線形車鼻的特殊設計。
　增產車輛中，500番台與1500番台不僅降低駕駛座高度，外觀亦改成普通型。目前主要使用在JR北海道特急列車，亦活躍於JR九州特急「阿蘇男孩號」（あそぼーい！）。

北斗號

JR 北海道

與キハ281系「Super北斗號」一同銜接函館與札幌

　「北斗號」是1965年登場，經室蘭本線、千歲線，駛於函館～旭川間的特急列車。
　目前行駛路線變更為函館～札幌，以每天3列次往返的頻率，與9列次往返的281系「Super北斗號」（スーパー北斗）分擔運輸量。

行駛區間：函館～札幌　行駛距離：318.7km
所需時間：3小時59分鐘（3號）　列車班次：
3列次往返　表定時速：80.0km（3號）

駛於內浦灣岸的「北斗號」，連接有車內地板較高、以曲面玻璃打造的綠色車廂

「北斗號」車廂編組

1號車	2號車	3號車	4號車	5號車	6號車	7號車
普通車	普通車	綠色車廂	普通車	普通車	普通車	普通車
指定席	指定席	指定席	指定席	指定席	自由席	自由席

←函館　　　　　　　　　　　　　　　　　札幌→

鄂霍次克號

JR 北海道

連接札幌與網走的長距特急列車

　「鄂霍次克號」（オホーツク）是於1972年10月2日亮相，用來連接札幌與網走的特急列車。此運行模式時至今日仍未改變。「鄂霍次克號」原本只有白天運行的班次，但1992年3月14日併入夜間急行的「大雪」後，就成了日夜皆有運行的列車。夜行班次目前也已停駛。

行駛區間：札幌～網走　行駛距離：374.5km
所需時間：5小時22分鐘（1號）　列車班次：
2列次往返　表定時速：69.8km（1號）

「鄂霍次克號」車廂編組

1號車	2號車	3號車	4號車
普通車	合造車廂	普通車	普通車
指定席	指定席 自由席	自由席	自由席

←札幌　　　　　　　網走→

駕駛座設計較低的貫通型キハ183系，明亮的藍色色調感覺相當清爽

大雪號 　JR 北海道

從北海道第二大城旭川邁向網走的特急

「大雪號」原本是北海道由來已久的急行列車的曬稱。
4往返列次的「鄂霍次克號」讓出2往返列次後，於
2017年3月4日改點的同時投入運行，是連接旭川與網
走的特急列車。

行駛區間：旭川～網走　行駛距離：237.7km　所需
時間：3小時54分鐘（1號）　列車班次：2列次往返
表定時速：61.0km（1號）

以過去的夜行急行列車「大雪號」之名，於2017年再度亮相

「大雪號」車廂編組

1號車	2號車	3號車		4號車
普通車	普通車	合造車廂		普通車
自由席	自由席	指定席	指定席	指定席

←旭川　　※會在遠輕改變行進方向　　網走→

阿蘇男孩號 　JR 九州

能夠親子同樂的觀光特急列車

「阿蘇男孩號」是多半行駛於週五與假日的臨時特急列車，列車內可是充
滿歡樂。採4節編組，2樓設有駕駛座的1號、4號車廂前頭則為全景座席，
能欣賞廣闊景緻。此外，推薦親子使用3號車廂，名為「白色小黑座席」的
座位採親子不同寬度的設計，兒童席常設於靠窗位置。另有咖啡吧、和室、
圖書室以及充滿木球的遊樂池，能讓親子同樂。

　預計行駛日與行駛區間可能會有變動，請特別留意！

行駛區間：別府、大分～阿蘇　行駛距離：110.2km　所需時間：1小時
59分鐘（93號）　列車班次：2列次往返　表定時速：55.6km（93號）

「阿蘇男孩號」車廂編組

4號車	3號車	2號車	1號車
普通車	普通車	普通車	普通車
① 指定席	指定席	② 指定席	指定席

←別府、大分　①全景座席②咖啡吧　大蘇→

由於豐肥本線部分路段無法通行，「阿蘇男孩號」開往阿蘇的起始站從別府改為大分

キハ185系

投入營運：1986年　編組：2、4節　驅動方式：液力傳動柴
油引擎　最高速度：110.4km/h

　キハ185系是在國鐵時代末期登場，為汰換掉四國地區已老舊的急行型キハ58系所開發之車輛。車體以不鏽鋼打造，力圖輕量化的同時，也更容易保養，並搭載無枕梁式轉向架。由於每節車廂設有冷氣裝置，因此也可採短編組運用，同時導入新款機軸，讓分割併結變得更加容易。

　但就在改制為JR四國不久，2000系於1990年11月開始投入營運，使キハ185系在四國地區的活用受到限制，除了將車輛改造為普通列車與愉快列車外，部分車輛亦轉讓給JR九州。

劍山號　JR 四國

沿吉野川連接德島與阿波池田的特急列車

　「劍山號」是於1996年3月16日改點時誕生，用來取代急行「吉野川號」（よしの川）的列車，也是德島縣的首輛特急列車。原本雖然有從牟岐出發的列車，但目前僅運行德島～阿波池田之間。6.5往返列次全使用キハ185系車輛。

行駛區間：德島～阿波池田　行駛距離：74.0km　所需時間：
1小時22分鐘（1號）　列車班次：下行7列、上行6列
表定時速：54.1km（1號）

「劍山號」車廂編組（一例）

1號車	2號車
普通車	普通車
指定席	自由席	自由席

←德島　　阿波池田→

行駛於德島線的「劍山號」，又有「吉野川 Blue line」的暱稱

「室戶號」正行駛於人稱「阿波室戶海濱線」的牟岐線上

室戶號　JR 四國

駛於阿波室戶海濱線的特急列車

　「室戶號」（むろと）是連接德島與牟岐、海部的牟岐線特急列車，設定3列次往返。自1999年3月13日開始營運，但所有列車統一以德島作為起訖站則要等到2014年3月15日。3往返列次中，2往返列次駛至牟岐，剩餘的1往返則延伸至海部。

行駛區間：德島～牟岐、海部　行駛距離：67.7km（德島～牟岐）　所需時間：1小時8分鐘（1號）　列車班次：3列次往返
表定時速：59.7km（1號）

「室戶號」車廂編組

1號車	2號車
普通車	普通車
指定席	自由席	自由席

←牟岐、海部　　德島→

渦潮號　JR 四國

2000系「渦潮號」的運行下目前僅1往返列次

　「渦潮號」（うずしお）雖大量投入高德線特急列車的營運，但主力車輛為2000系，キハ185系車款僅1往返列次。而「渦潮號」是早在1988年4月10日就誕生的列車。

行駛區間：高松～德島　行駛距離：74.5km　所需時間：1小時14分鐘（29號）　列車班次：1列次往返　表定時速：60.4km
（29號）

「渦潮號」車廂編組

1號車	2號車
普通車	普通車
指定席	自由席	自由席

←德島　　高松→

行駛中的キハ185系「渦潮號」，有著以渦流為概念的標記

九州橫斷特急號

JR 九州

橫越雄偉阿蘇山腳的特急列車

「九州橫斷特急號」（九州橫斷特急）是隨著2004年3月13日九州新幹線部分通車之際登場的列車。用來取代原本行駛於別府～熊本、人吉間的特急「阿蘇號」（あそ），是行駛於熊本～人吉的肥薩線特急列車。目前的營運區間則為別府、大分～阿蘇路段。

行駛區間：別府、大分～阿蘇　行駛距離：110.2km（別府～阿蘇）　所需時間：1小時59分鐘（73號）
列車班次：2列次往返　表定時速：55.6km（73號）

裏著JR九州紅色企業形象色的キハ185系

「九州橫斷特急號」車廂編組

1號車	2號車
普通車	普通車
指定席	自由席

←別府、大分　阿蘇→

由布號

JR 九州

連接博多與大分、別府的特急列車

投入由JR四國轉讓的キハ185系，開始久大本線「由布號」（ゆふ）的營運是在1992年7月15日，這也是經久大本線，連接博多與大分、別府的特急列車。「由布號」原本是經久大本線，行駛於博多與門司港間，路線必須繞行一大圈的準急列車名稱，但1966年3月5日升格為特急列車，是九州相當有歷史背景的特急之一。

行駛區間：博多～大分、別府　行駛距離：189.3km（博多～別府）　所需時間：3小時17分鐘（1號）
列車班次：3列次往返（其中1往返為博多～大分）
表定時速：57.7km（1號）

投入「由布號」運行的キハ185系駕駛室
下方有著「185 YUFU EXPRESS」

「由布號」車廂編組

3號車	2號車	1號車
普通車	普通車	普通車
自由席	指定席	指定席

←博多　別府、大分→

特急「坐A列車去吧」

JR 九州

讓人欲罷不能的觀光特急列車

特急「坐A列車去吧」（A列車で行こう）主要是行駛於每個週末假日的不定期觀光特急列車。

車廂內部只能用豪華來形容。半節的1號車設有名為「A-TRAIN BAR」的吧檯，剩餘空間則是4人包廂座位。2號車設有沙發與兒童座位區。順帶一提，名稱裡的「A」是源自「天草（Amakusa）」與「Adult」。

行駛區間：熊本～三角　行駛距離：36.5km
所需時間：38分鐘（1號）　列車班次：3列次往返
表定時速：57.6km（1號）

以南蠻文化為主題的黑色基調搭配木質
塗裝，既沉穩又充滿風格

「坐A列車去吧」車廂編組

2號車	1號車
普通車	普通車
指定席	指定席　吧檯

←熊本　三角→

キハ187系

投入營運：2001年　編組：2節　驅動方式：液力傳動柴油引擎　最高速度：120km/h　特色：JR西日本開發的首款特急車輛

隨著山陰地區高速公路漸趨完備，鐵道的競爭力相對不足，キ

ハ187系便是為了因應高速化需求所開發的特急車輛，用來取代已老舊的キハ181系。每節車廂搭載2組450HP的引擎，提升輸出表現，最高速度可達120km。為提高過彎時的速度並改善搭乘舒適性，キハ187系更搭載了可控制的自然傾斜式裝置。車體是以JR西日本首度導入的不鏽鋼打造，達輕量化效果，並結合無枕梁式轉向架。控制方式則同時採用電力指令式制軔與引擎制軔。

2001年7月7日開始投入「超級隱岐號」（スーパーおき）與「超級國引號」（スーパーくにびき）的運行。

超級因幡號　JR西日本

駛於智頭急行線內，連接陰陽的特急列車

此列車的路線非常有趣，從岡山站進入山陽本線，到了上郡又借用智頭急行線駛入因美線，最後抵達鳥取。總計5列次往返，全車次的行駛路段皆為岡山～鳥取。「超級因幡號」（スーパーいなば）的前身是1997年11月29日誕生的「因幡號」（いなば），2003年10月1日切換為キハ187系後，更名為「超級因幡號」。

行駛區間：岡山～鳥取　行駛距離：141.8km　所需時間：1小時51分鐘（1號）　列車班次：6列次往返　表定時速：76.6km（1號）

窗戶周圍的藍色、黃色色帶是以山陰地區的海與光為概念

「超級因幡號」車廂編組

1號車	2號車
普通車	普通車
指定席	自由席

← 岡山　　鳥取 →

※上郡～鳥取路段會改變行進方向

超級隱岐號　JR西日本

經山口線連接陰陽的特急列車

「超級隱岐號」是經山口線，連接起山陽本線新山口與山陰本線米子、鳥取的特急列車。總計3列次往返，2往返行駛於新山口～鳥取、1往返則為新山口～米子區間。「超級隱岐號」的歷史可以追溯到1965年10月1日誕生，駛於大阪～出雲市的急行「隱岐號」（おき）。投入187系車輛當日起，便改名為「超級隱岐號」。

行駛區間：鳥取、米子～新山口　行駛距離：378.1km（鳥取～新山口）　所需時間：5小時13分鐘（3號）　列車班次：3列次往返　表定時速：72.5km（3號）

「超級隱岐號」車廂編組

1號車	2號車
普通車	普通車
指定席	自由席

← 新山口　　米子、鳥取 →

超級松風號　JR西日本

僅駛於山陰本線內的短距離特急列車

「超級松風號」（スーパーまつかぜ）的前身並不是過去行駛於京都～松江間的「松風號」（まつかぜ），而是與「超級隱岐號」同時誕生的「國引號」（くにびき）。繼「超級國引號」之後，改為目前列車名稱則是在2003年10月1日。行駛範圍僅限山陰本線內的鳥取～米子與鳥取～益田路段。

行駛區間：鳥取～米子、益田　行駛距離：284.2km（鳥取～益田）　所需時間：3小時47分鐘（1號）　列車班次：7列次往返　表定時速：75.1km（1號）

「超級松風號」車廂編組

1號車	2號車
普通車	普通車
指定席	自由席

← 益田、米子　　鳥取 →

旺季會增編1節車廂運行的「超級松風號」

キハ189系

投入營運：2010年　編組：3節　驅動方式：液力傳動柴油引擎　最高速度：120km/h　特色：同時也搭載了蓄電池的「濱風號」專用車輛

キハ189系是隨著特急列車「濱風號」（はまかぜ）所用的キ

ハ181系逐漸老舊，開發作為汰換用的車輛。目前除了「濱風號」，亦使用在北陸本線部分的「Biwako Express」（びわこエクスプレス、琵琶湖特快）上。

每節車廂搭載2組引擎，並設有蓄電池。此外，更搭載結合引擎驅動裝置的發電機，除了發電功能外，亦可供車內空調使用。

車體以不鏽鋼打造，採無枕梁式轉向架。終點顯示器與車內資訊螢幕裝置更使用LED等，可以從車輛中看見許多當時最先進的技術。車輛為3節編組，全部皆是2＋2人座的普通車廂。

濱風號　JR西日本

連接大阪～神戶、鳥取的陰陽連絡特急列車

行駛區間：大阪～香住、濱坂、鳥取　行駛距離：264.9km　所需時間：4小時21分鐘（5號）　列車班次：3列次往返　表定時速：60.9km（5號）

列車是以吹越鳥取沙丘的海風為名。「濱風號」於1972年3月15日誕生，是經播但線連接起大阪與鳥取，1列次往返的陰陽連絡特急列車。時至今日仍維持相同路線，但駛至鳥取的班次僅1列次往返。

最初使用キハ80系，接著是キハ181系，自2010年11月6日起替換為目前的キハ189系。

「濱風號」車廂編組（一例）

3號車	2號車	1號車
普通車	普通車	普通車
指定席	指定席	自由席

←大阪　香住、濱坂、鳥取→

邊俯視著蒼藍的日本海，邊橫渡山陰本線余部鐵橋的キハ189系「濱風號」

與JR線相互直通的私鐵車輛③

智頭急行 HOT7000系
駛入京都的特急「超級白兔號」

智頭急行雖然是1994年12月3日開業的第三部門鐵道公司，但在開業同時，也投入了能駛進JR線至京都車站的特急列車「白兔號」（はくと）與「超級白兔號」（スーパーはくと）。開業3年後的1997年11月29日，就在增備這款HOT7000系車輛時，便將列車名統一為「超級白兔號」。HOT7000系更是智頭急行引以為傲的特急型氣動車。

目標鳥取，駛於因美線的智頭急行HOT7000系

キハ261系

投入營運：2000年	編組：4、7節	驅動方式：液力傳動柴
油引擎	最高速度：120km/h	

キハ261系是JR北海道為了高速行駛於宗谷本線所開發的車輛，自2000年3月11日開始投入特急列車「Super宗谷號」（ス一パー宗谷）。該款車輛以JR北海道的通勤型氣動車キハ201系為藍本改良而成。基本番台雖備有車體傾斜控制裝置，但之後予以撤除。車身以不鏽鋼打造，並採用無枕梁式轉向架。

除了投入宗谷本線的基本番台，還有之後為了汰換掉キハ183系所開發的1000番台，後者於2007年10月1日開始投入「Super十勝號」（スーパーとかち）的營運。是款具備基本番台性能，且同時搭配789系性能的車輛，但車長與高度會比基本番台稍低。

宗谷號　JR北海道

連接道都札幌與日本最北稚內的長距特急

前身的「Super宗谷號」是首輛投入宗谷本線的特急列車。「宗谷號」接棒後，今日仍有1往返列次連接札幌與稚內，僅管「宗谷號」在昭和30年代誕生時原本只是準急列車。

行駛區間：札幌～稚內	行駛距離：396.2km	所需時間：5小時10分鐘	列車班次：1列次往返	表定時速：76.7km

「宗谷號」車廂編組

1號車	2號車	3號車	4號車
普通車	普通車	普通車	合造車廂
自由席	指定席	指定席	指定席 / 指定席

←札幌　　　　　　　　　　稚內→

2017年投入「宗谷號」營運的キハ261系，基本採4節編組

Super 北斗號　JR北海道

連接北海道入口函館與道都札幌的特急列車

前身的「北斗號」是在1965年開始行駛於函館與旭川間，之後便一直負責連接起北海道的入口與道央地區，但1994年3月1日將路線縮短至函館～札幌的同時，更名為「Super北斗號」（スーパー北斗）。

目前與キハ281系的「Super北斗號」及キハ183系的「北斗號」共同分攤營運。投入261系則為2017年3月4日。

行駛區間：函館～札幌	行駛距離：318.7km	所需時間：3小時51分鐘（9號）	列車班次：4列次往返	表定時速：82.5km（9號）

「Super北斗號」車廂編組（一例）

1號車	2號車	3號車	4號車	5號車	6號車	7號車
綠色車廂	普通車	普通車	普通車	普通車	普通車	普通車
指定席	指定席	指定席	指定席	指定席	自由席	自由席

←函館　　　　　　　　　　　　　　　　　　　　　　札幌→

前照燈等部分相異的1000番台。2015年進行設計變更，將貫通門改成黃色，並裹上紫色與銀色色帶

キハ281系

投入營運：1994年　驅動方式：液力傳動柴油引擎
編組：7節　最高速度：130km/h

キハ281系是為了提高直線區間的最高速度以及過彎時的速度，所開發的傾斜式車輛。這也是繼JR四國的2000系，歷史第二悠久的傾斜式氣動車。進入彎道時並非立刻傾斜車體，而是根據事先記憶的數據，在過彎前慢慢地傾斜，避免影響搭乘舒適性。車體以不鏽鋼打造，採用無枕梁式轉向架。

在1994年3月1日改點時，正式投入「Super北斗號」之運行。

Super 北斗號

JR 北海道

駛於北海道中央地區的老字號特急列車

行駛於函館～札幌的特急列車，目前與キハ261系的「Super北斗號」及キハ183系的「北斗號」共同分攤營運。詳情參照P.131。

行駛區間：函館～札幌　行駛距離：318.7km　所需時間：3小時38分鐘（1號）　列車班次：4列次往返
表定時速：87.7km（1號）

「Super北斗號」車廂編組

1號車	2號車	3號車	4號車	5號車	6號車	7號車
普通車	普通車	綠色車廂	普通車	普通車	普通車	普通車
指定席	指定席	指定席	指定席	指定席	自由席	自由席

←函館　　　　　　　　　　　　　　　　　　　　　　札幌→

為求高速化的傾斜式列車，前頭車側面置有FURICO標誌

キハ283系

投入營運：1997年　驅動方式：液力傳動柴油引擎　編組：6、7節　最高速度：130km/h

キハ283系是JR北海道為了將札幌～釧路的行駛時間壓在3小時40分鐘，以キハ281系為藍本設計的車輛。由於根室本線的地基狀態不佳，開發不甚順利，但仍從1996年度開始製造量產車輛。接著於1997年3月22日，投入「Super大空號」（スーパーおおぞら）開始營運，也是繼キハ281系的傾斜式車輛。前頭車側面有著代表傾斜式之意的「FURICO283」標誌，不過還是無法突破3小時40分鐘的關卡。

キハ283系的車體是採用不鏽鋼打造，僅最前方為鋼製。行駛的最高速度雖然設定為130km，但車輛設計本身的最高速度實際可達145km。

キハ283系與キハ281系同為傾斜式車輛，但前照燈等外觀設計相異。馳騁於根室本線的「Super大空號」，旺季會增編車廂運行

Super 大空號

JR 北海道

連接道都札幌與道東最大都市釧路的特

「Super大空號」前身的「大空號」誕生於1961年10月1日，當時是連接函館與旭川的特急列車。但就在開發了キハ283系後，於1997年3月22日改點之際更名為「Super大空號」，路線則變更為札幌～釧路區間。其後便未再出現改變，持續駛至今日。

行駛區間：札幌～釧路　行駛距離：348.5km
所需時間：4小時（1號）　列車班次：6列次往返
表定時速：87.1km（1號）

「Super大空號」車廂編組（一例）

1號車	2號車	3號車	4號車	5號車	6號車	7號車
普通車	普通車	普通車	普通車	綠色車廂	普通車	普通車
自由席	自由席	指定席	指定席	指定席	指定席	指定席

←札幌　　　　　　　　　　　　　　　　　　　　　　釧路→

2000系

投入營運：1990年	驅動方式：液力傳動柴油引擎　編組：2、3、4、5、7節　最高速度：120km/h　特色：世界首款傾斜式氣動車

2000系是在1990年11月21日，開始投入特急「足摺號」（あしずり）與「南風號」的營運，也是JR四國為了提高非電氣化區間的行駛速度以及提升表現所開發之車輛。車輛導入了可控制自然傾斜式裝置，可事先記憶行駛路線線形數據，同時也是世界首款搭載傾斜式裝置的氣動車。

車身以輕量不鏽鋼打造，力圖輕量化，並搭載中間冷卻器與2組可機械增壓的直噴式大馬力引擎。轉向架則採用空氣彈簧式的無枕梁式轉向架。

前頭車所使用的貫通車又可分成5種類型（2100型、2150型、2450型、2000型、2400型），能做各種分割或併結運行。人稱N2000系的2400型經過局部改款後，性能面亦獲得相當改善。

南風號　JR 四國

駛渡瀨戶大橋連接岡山與四國西南部

「南風號」是趁山陽新幹線1972年3月15日大阪～岡山部分通車之際，與「潮風號」一同亮相的列車，也是四國地區內連接高松與中村線（目前的土佐黑潮鐵道）中村的特急列車。瀨戶大橋線通車後，「南風號」不僅能駛至岡山，亦可延伸至土佐黑潮鐵道的宿毛。除了以3節、4節編組運行外，也能與「四萬十號」（しまんと）或「渦潮號」併結行駛。

行駛區間：岡山～高知、中村、宿毛　行駛距離：179.3km　所需時間：2小時31分鐘（1號）　列車班次：14列次往返（包含中村～宿毛的各1往返列次）　表定時速：71.2km（1號）

從土讚線阿波池田站出發的「南風號」，為世界首款傾斜式氣動車，更是JR四國引以為傲的車款之一

「南風號」車廂編組（一例）

4號車	3號車	2號車	1號車
合造車廂	普通車	普通車	普通車
指定席 指定席	自由席	指定席	自由席	自由席

←高知、中村、宿毛　　　岡山→

四萬十號　JR 四國

從高松駛入高知、土佐黑潮鐵道的特急列車

「四萬十號」是國鐵民營化1年後，於1988年4月10日誕生，連接高松與高知、中村的特急列車，目前仍維持相同路線。1989年3月13日開始將部分列車切換為2000系，隨著班次不斷增加，便將所有列車替換為2000系車輛。

行駛區間：高松～高知、中村　行駛距離：231.4km　所需時間：4小時（1號）　列車班次：5列次往返　表定時速：57.9km（1號）

2000系貫通型的「四萬十號」，也有駛至土佐黑潮鐵道中村站的列車

「四萬十號」車廂編組（一例）

3號車	2號車	1號車
普通車	普通車	普通車
自由席	指定席 自由席	指定席 自由席

←高松　　　中村→

足摺號　JR 四國

從高知駛入土佐黑潮鐵道的特急列車

「足摺號」的前身是1961年4月15日登場，行駛於高松～窪川的準急列車「足摺號」。改為特急「足摺號」則是1990年11月21日，其後成了連接高知與土佐黑潮鐵道，相當活躍的特急列車。

行駛區間：高知～中村　行駛距離：115.1km　所需時間：1小時39分鐘（1號）　列車班次：6列次往返　表定時速：69.8km（1號）

最高速度可達130km的N2000系，駛於高知～中村路段的「足摺號」

「足摺號」車廂編組（一例）

3號車	2號車	1號車
普通車	普通車	普通車
指定席 指定席	指定席 自由席	自由席

←高知　　　中村→

渦潮號 JR 四國

連接四國玄關的高松與德島的特急列車

第一代的「渦潮號」其實是連接大阪及宇野線宇野，駛於本州內的特急列車。改成四國地區的特急是在1988年4月10日瀨戶大橋線通車時，負責連接岡山與德島。目前更是駛於香川縣都高松及德島縣都德島之間的接駁特急列車。所有班次在駛至宇多津站前皆會與「南風號」併結運行。岡山～德島路段僅設定1.5列次往返。亦有與キハ185共同運行的列車，設定上相當複雜。

行駛區間：高松～德島　行駛距離：74.5km　所需時間：1小時9分鐘（1號）　列車班次：下行17列、上行16列　表定時速：64.8km（1號）

以紅藍配色塗裝的「渦潮號」，駛於高德線上。2400型的特色是前照燈在駕駛室上方

「渦潮號」車廂編組（一例）

3號車	2號車	1號車
普通車	普通車	普通車
自由席	自由席	自由席 / 指定席

←高松　　　　　　　德島→

宇和海號 JR 四國

連接予讚線松山及宇和島的特急列車

於1990年11月21日誕生，駛於松山～宇和島的特急列車。予讚線電氣化工程延伸至伊予市後，「潮風號」與「石鎚號」只能駛至松山，「宇和海號」就以銜接列車營運至今。除了2000系特急列車外，伊予西條～高松另有1列次往返的「Midnight Express高松號」。

行駛區間：松山～宇和島　行駛距離：96.9km　所需時間：1小時25分鐘（1號）　列車班次：下行14列、上行10列　表定時速：68.4km（1號）

裹著JR四國企業形象色的水藍色帶，「宇和海號」是經內子線連接起松山及宇和島

「宇和海號」車廂編組（一例）

4號車	3號車	2號車	1號車
普通車	普通車	普通車	普通車
指定席 / 自由席	自由席	自由席	自由席

←松山　　　　　　　　宇和島→

2600系

投入營運：2017年　驅動方式：液力傳動柴油引擎
編組：2節　最高速度：120km/h　特色：JR四國睽違30年推出的特急型車輛

2600系是繼2000系以來，JR四國睽違30年新製的特急型車輛，為了汰換掉老舊的2000系所開發而成。2000系雖為世界首款傾斜式氣動車，但2600系卻採用空氣彈簧式車體傾斜裝置，最大能讓車身傾斜2度。車體以不鏽鋼打造，被暱稱「TRANS SHIKOKU EXPRESS」，意思為橫越四國的特急列車。

2600系採2節車廂的短編組，既有的2編組4節車輛配置於高松運轉所。座位為2＋2的4排座。

車身外觀以深紅為基調並搭配上金色，這也是以日本傳統服飾為概念的設計。推估2600系接下來應該會依序替換掉「四萬十號」及「宇和海號」，將會是JR四國今後相當令人期待的特急型車輛。

JR 四國

自2017年12月開始營運的高德線「渦潮號」，以2編組4節車廂的設定持續試車中

2600系車廂編組

1號車	2號車
普通車	普通車
指定席	指定席

氣動車／近郊型

キハ11型

投入營運：1989年
驅動方式：液力傳動柴油引擎
編組：1節
最高速度：95km/h

　　キハ11型是為了提升非電氣化區間的服務，所開發的輕快型氣動車，1989年開始投入營運。JR線僅使用在名松線上，是車長17.5m的小型氣動車。

　　除基本的0番台，還有100、200、300番台。但是僅有最新的300番台車體是以不鏽鋼打造，其餘則為普通鋼製造。總計生產43輛，JR東海目前僅剩4輛，且全為300番台。

在松阪車站等待發車的名松線キハ11型300番台，白天以1節編組運行

キハ25系

投入營運：2011年　驅動方式：液力傳動柴油引擎　編組：2節　最高速度：110km/h

　　キハ25系是以313系電車為藍本開發而成的車輛，外觀也幾乎相同，常常會被笑稱是氣動車版的313系。當初是為了因應2013年伊勢神宮的式年遷宮，快速列車「三重號」（みえ）的運輸量必須提升所開發，並早在遷宮之前的2011年3月1日，開始投入武豐線及東海道本線大府～名古屋路段的營運。目前使用在東海道本線、武豐線、紀勢本線、參宮線、太多線，以及高山本線岐阜～豬谷區段的運行。

　　車體長度為20.3m，短於國鐵標準的21.3m，以不鏽鋼打造，並採用無枕梁式轉向架。

駛渡紀勢本線大內山川鐵橋的キハ25系，採2節編組運行

キハ31型

投入營運：1987年
驅動方式：液力傳動柴油引擎
編組：1節
最高速度：95km/h

キハ31型是國鐵在分割民營化之前，為了穩定新公司（JR九州）的營運所製造之車輛。總計生產了23輛，也是全數配置於JR九州的輕量不鏽鋼車款。車長僅17m，輸出能力雖然較弱，卻也是能做各種運用的車輛；單側座位沿用新幹線0系的翻背式橫向座椅，另一邊則為縱向長椅。

キハ31型雖然在國鐵時代末期投入營運，至今仍留有22輛，使用在鹿兒島本線熊本～八代、三角線、筑豐本線、後藤寺線、日田彥山線等路線上。

JR 九州 駛於三角線的キハ31型，車身裹著藍色帶，僅配置於JR九州

キハ32型

投入營運：1987年
驅動方式：液力傳動柴油引擎
編組：1節
最高速度：95km/h

キハ32型與キハ31型一樣，也是國鐵為了穩定新公司JR四國的營運所開發之車輛。但與キハ31型不同的是，キハ32型為降低成本，車體採用普通鋼，而非不鏽鋼，轉向架及變速機則沿用報廢車輛之設備。

車內從登場以來就是一人服務車的設計，座位則全為縱向長椅。

キハ32型總計生產了22輛，目前仍未有除役之車輛，皆活躍於予讚線、內子線、土讚線、予土線上。

JR 四國 投入予土線運行的キハ32型，屬一人服務車，配置縱向長椅

キハ40系

投入營運：1977年　**驅動方式**：液力傳動柴油引擎
編組：1、2節　**最高速度**：85km/h

由於國鐵首款液力傳動氣動車的10系逐漸老舊，於是開發了近郊型氣動車キハ40系作為替換用，於1977年至1982年期間製造，總計生產888輛，可說是一般型氣動車中最具代表性的型號。キハ40系搭載大馬力引擎，並採用能與其他型號車輛併結之設計。

為配合各路線不同的需求，車輛類型亦相當多元，大致可區分為キハ40型、キハ47型、キハ48型、キハ140型、キハ147型等多種款式，這些款式又可依製造年分細分為不同番台。

基本上，キハ40型為雙駕駛室型，キハ47型為適合溫暖地區的單駕駛室型，キハ48型為適合寒冷地區的單駕駛室型。目前仍會依各種用途，進行細部改造。

如今尚有660多輛的キハ40系，分散於JR東海除外的5間JR企業中。JR北海道使用在函館本線、江差線、札沼線、室蘭本線、石勝線、千歲線、日高本線、富良野線、宗谷本線、石北本線、留萌本線、釧網本線、根室本線；JR東日本使用在八戶線、津輕線、大湊線、男鹿線、氣仙沼線、陸羽東線、只見線、米坂線、羽越本線、白新線、磐越西線、信越本線、東北本線；JR西日本使用在冰見線、城端線、北陸本線、播但線、因美線、山陰本線、境線、津山線、藝備線、山陽本線、吳線、岩德線、山口線；JR四國使用在高德線、鳴門線、牟岐線、德島線、予讚線、內子線；JR九州使用在鹿兒島本線、筑豐本線、香椎線、日田彥山線、長崎本線、唐津線等普通列車中。

JR 北海道

以純血種馬產地、日高本線為中心相當活躍的キハ40型，前方有著「優駿浪漫」的標誌

JR 北海道

投入札沼線營運的キハ40型400番台，照片為駛至新十津川，每天1班次的列車

JR 北海道

根室本線的キハ40型700番台，是整個塗裝成人稱首都圈色的紅色車輛

JR 北海道 沿著釧網本線原生花園行駛的キハ40型1700番台，車身裏著綠色與藍色色帶，採雙層窗設計

JR 東日本　隸屬秋田車輛基地，五能線用的キハ48型。白色車身裹著2條鮮豔的藍色帶

JR 東日本　即便同屬於秋田車輛基地，男鹿線用的車輛顏色卻不同

JR 東日本　八戶線的キハ40型無冷氣設備，設有電風扇，車窗下方與車身下擺裹著紅色色帶。2017年12月2日導入キハE130系500番台

JR 東日本　駛於磐越西線，舊國鐵急行色的キハ48型500番台，是可行駛於寒冷地區的規格

JR 東日本　只見線的キハ40型2000番台，奶油底色的車身裹著深淺不同的綠色色帶。這雖然是東北地區常見的塗裝，但目前僅行駛於只見線

JR 東日本　新潟運輸區的キハ47型，由於車輛前方有著人稱新潟色的藍色線條，因此也被稱為「藍色鬍子」

JR 西日本 駛渡山陰本線矢田川橋梁的キハ47型，屬一人服務車

JR 西日本

境線的「鬼太郎列車」。其他還有「貓娘列車」、「鼠男列車」等彩繪。所有題材都是取自境港市出身，水木茂的作品《鬼太郎》

JR 西日本

駛於恬靜的城端線上，僅1節車廂的キハ40型2000番台。車身原是在該地區代表色的酒紅色上裹著白色帶，現在整個變成朱紅色，真的很可惜！

JR 四國

保留於JR四國的キハ40型，車身雖然分別塗上象牙白與淡藍色，但其實這個藍色也是JR四國的企業形象色

JR 四國

停在鳴門線鳴門車站的キハ47型2節編組列車，進入德島線後，會直通德島車站

JR 九州 塗裝上以南九州為概念的鮮豔黃色，相當亮眼奪目的日南線キハ140型

JR 九州
香椎線使用的是キハ40型與47型，前方為鮮豔的藍色，車身則是白色，這樣的配色又稱為「Aqua Liner色」

JR 九州
肥薩線的キハ40型8000番台有更換引擎，塗裝則以奶油色為底，並裹上藍色色帶

JR 九州 駛於九州南端指宿枕崎線的キハ147型，引擎同樣有更換

キハ41型

投入營運：1999年　驅動方式：液力傳動柴油引擎
編組：1節　最高速度：85km/h

キハ41型是キハ40系的家族成員之一。1998年3月14日隨著播但線路段～寺前路段完成電氣化工程，為了投入寺前以北運輸效率較差的區間，於是以キハ47型的1000番台改造而成。

從單側駕駛室改為雙駕駛室的同時，也設置了廁所，並更改為一人服務車配置。機器類則沿用キハ47型的設備。

目前現役輛數為5輛，仍往來播但線寺前～和田山之間。

JR 西日本 使用於播但線非電氣化區間的寺前～和田山路段。前方經改造後，外觀變得非常有特色。雖然與電氣化區間的103系同為紅色，但キハ41型是改塗成朱紅色

キハ54型

投入營運：1986年　驅動方式：液力傳動柴油引擎　編組：1節　最高速度：95km/h　特色：國鐵的近郊型車輛中，首款採用不鏽鋼車體的氣動車

キハ54型是國鐵在最後的1986年底至隔年期間，為了汰換掉老舊氣動車所開發的車輛。適合溫暖地區的0番台配置於四國，適合寒冷地區的500番台則配置於北海道。21m等級的車體長度，同時也是首款使用輕量不鏽鋼的一般型氣動車，力圖輕量化。兩種番台的車輛結構差異甚大，0番台無設置廁所。

キハ54型目前仍幾乎持續使用中，0番台用在JR四國的予讚線及內子線，500番台則用在JR北海道的根室本線等路線。

JR 北海道

釧網本線的快速列車「知床號」是投入適合寒冷地區的キハ54型500番台運行，也是首款以輕量不鏽鋼打造的一般型氣動車

※譯註：「知床號」自2018年3月17日起更名為「知床摩周號」（しれとこ摩周号）

JR 四國

沿瀨戶內海行駛的キハ54型，JR四國企業形象色的水藍色塗裝漂亮地映照在伊予灘上

JR 四國

用來作為「四萬Torocco號」動力車的キハ54型，車輛整個塗裝成鮮黃色

キハ66・67系

投入營運：1975年　**驅動方式**：液力傳動柴油引擎
編組：2節　**最高速度**：95km/h

キハ66、67系是在山陽新幹線博多站通車之際，為改善筑豐地區通勤運輸所開發，使用於快速列車的一般型氣動車。

兩款車輛不僅搭載了高輸出的大馬力引擎，キハ67型更特別裝有冷氣用的發電機。但也因為キハ66、67型車輛本身帶有太過強烈的試作車風格，最終僅分別生產了15輛，然而單側雙門、翻背式橫向座椅等車內設計，皆對日後的國鐵氣動車有著極深遠的影響。

目前行駛區域已從筑豐地區轉移至長崎地區，活躍地運用在經由大村線，連接起長崎與佐世保的「海岸快速列車」（シーサイドライナー）及普通列車中。

JR 九州　車內的翻背式橫向座椅採用藏青色絨布材質。廁所設於キハ66型車廂中

キハ75系

投入營運：1993年
驅動方式：液力傳動柴油引擎
編組：2節
最高速度：120km/h

キハ75系是為了因應1993年秋季舉辦的伊勢神宮式年遷宮，同時汰換掉用在快速列車「三重號」的58系，於同年8月投入運行的車輛。為了與路線重疊的近鐵特急相抗衡，キハ75系能夠以和特急型キハ85系相同的最高速度120km行駛。

重新評估底盤零件，降低底盤高度後，不僅取消上下車處的落差，更配置3片雙開式車門、翻背式橫向座椅、車內資訊螢幕裝置等，改善了搭乘的舒適性。

キハ75系目前除了活躍於快速列車「三重號」外，亦投入高山線與太多線，作為普通列車運行。

JR 東海　駛於高山本線，貫通門上增設有前照燈的款式，採一人服務車配置。根據使用路段，會出現有無耐寒設計之差異

キハ100系

投入營運：1990年　**驅動方式：**液力傳動柴油引擎
編組：1、2節　**最高速度：**100km/h

　キハ100系是JR東日本為了改善東北在地路線所開發的氣動車，自1990年3月10日開始投入北上線的運行，目前仍活躍於北上線。其實投入後，キハ100系就像燎原之火般地被大幅運用，如今可說是東北地區相當具代表性的存在。

　キハ100系搭載大馬引擎，雖然備有密著式自動連結器，但並未用來與其他系列併結運行。

　車體長度稍短，僅16m，採用固定式車窗、一人服務車配置，並搭載雙駕駛室。雙門設計，座位為非字型座椅。

　目前仍投入北上線、左澤線、東北本線、大湊線、大船渡線、釜石線等路線之運行。採1節或2節編組，最高速度為100km。

JR東日本　沿著下北半島陸奧灣，行駛於大湊線的キハ100系。搭載雙駕駛室，座位為非字型座椅

JR東日本　前進於大雪紛飛中的北上線キハ100系，座位為非字型座椅

JR東日本　輕快駛於釜石線山谷的キハ100系。車體長16m，車門與車身下擺以深綠色點綴

JR 東日本

投入左澤線運行的キハ101型，車身塗裝有變更，前方描繪著以出羽三山與最上川為概念的插圖

キハ110系

投入營運：1990年　**驅動方式**：液力傳動柴油引擎
編組：1、2節　**最高速度**：100km/h

キハ110系與キハ100系一樣，都是JR東日本為了改善在地路線體質所投入之車輛，自1990年開始營運。基本設計雖等同

キハ100系，但車身較長，為20m。對此，JR東日本不僅增加了引擎輸出，亦加裝冷氣裝置及載客容量。其下可分為雙駕駛室的キハ110型、單駕駛室且附廁所的キハ111型，以及無廁所的キハ112型。車體以普通鋼打造，並採用無枕梁式轉向架。

目前廣泛地運用在小海線、八高線、磐越東線、釜石線、東北本線花卷～盛岡路段、花輪線、山田線、磐越西線、羽越西線、白新線、米坂線、飯山線、信越本線長野～長岡路段等在地路線中。

JR 東日本

2014年為紀念八高線通車80年，將キハ111型200番台改成原本駛於八高線的キハ38型之懷舊塗裝

JR 東日本

駛於花輪線的キハ110系。車體長20m，以キハ111型及キハ112型組編而成

JR 東日本 1節編組運行於石卷線上的キハ110系。採雙駕駛室,橫向座椅則設有2人與1人座

JR 東日本 冬天駛於飯山線,由キハ111、キハ112型編組的キハ110系,是以特急規格車輛改造而成之型號

JR 東日本 為因應山形新幹線延伸至新庄,配置於陸羽東線、陸羽西線的キハ110系。側窗下方的紅色帶實在鮮豔

キハ120型

投入營運：1990年　驅動方式：液力傳動柴油引擎
編組：1節　最高速度：95km/h

　キハ120型是JR西日本為了改善在地路線的運輸及提升品質所開發，自1990年投入營運之車輛。車長較短，僅16m，無法與其他型號併結運行。首先亮相的200番台採非字型座椅，0番台為縱向長椅，而300番台則採非字型座椅。僅200番台車體為普通鋼，其餘皆以不鏽鋼打造。所有キハ120型皆為一人服務車。

　此款車輛相當廣泛地運用在JR西日本的關西本線奈良～龜山路段、高山本線豬谷～富山路段、越美北線、姬新線、藝備線、三江線、因美線、木次線外，還有山陰本線的米子～宍道路段、長門市～仙崎、東荻路段與出雲市～益田路段，以及福鹽線、美禰線等，幾乎涵蓋JR西日本的所有在地路線。

JR 西日本　駛於大糸線非電氣化區間的300番台，車身裏著橘色與紅色色帶，也是キハ120型中為數最多的款式

JR 西日本　越美北線的キハ120型，為宣傳沿線市鎮的彩繪車身

JR 西日本　運行於高山本線富山～豬谷間的キハ120型。富山方向的車廂前方塗裝為朱紅色，豬谷方向的車廂前方則是綠色

JR 西日本　配上紫色的キハ120型，在關西本線龜山～加茂間是以2節編組行駛

JR 西日本　駛進木次線出雲坂根車站之字形路線的キハ120型。照片裡的車身雖然塗裝了黃色及綠色線條，但目前已變更為朱紅色

JR 西日本　沿著江之川行駛在三江線上的キハ120型。雖然自1995年運行至今，但三江線未來可能廢線

キハE120型

投入營運：2008年
驅動方式：液力傳動柴油引擎
編組：1節
最高速度：100km/h

キハE120型是為了汰換掉新潟地區キハ58系等老舊車輛所開發，從2008年11月開始投入營運。這也是自キハ110系之後，新潟地區睽違11年的新造車輛。キハE120型是與世界首款的混合動力車キハE300型搭載相同引擎的液力傳動式車輛，兩端皆設有駕駛室。雙門車廂配置非字型座椅，橫向座椅的部分為1＋2人座。車體以不鏽鋼打造，力圖輕量化，並採用無枕梁式轉向架。

最初只投入米坂線、羽越本線、磐越西線的營運，目前亦駛入信越本線及白新線內。能與キハ110系共同運行。

JR 東日本 活躍於新潟地區的キハE120型，車身有著以山毛櫸為概念的橘色塗裝，中間以「白鼬」插圖裝飾

キハ121型

投入營運：2000年
驅動方式：液力傳動柴油引擎
編組：1節
最高速度：100km/h

キハ121型在2000年幾乎與キハ126系同一時期登場，但與搭載1組引擎、單駕駛室的キハ126系相比，キハ121型搭載了2組引擎，且為雙駕駛室，能夠單節運行的車輛。採雙門設計，車內亦設有廁所、無障礙空間等規劃。

キハ121型還能以高速行駛於山陰本線，雖屬近郊型車輛，但最高速度可達100km。

目前9輛的キハ121型與キハ126系共同運行於山陰本線的鳥取～益田和境線上。

JR 西日本 活躍於山陰本線鳥取以西和境線的キハ121型。屬一人服務車，對山陰本線的高速運輸相當有貢獻

キハ122型

投入營運：2009年　驅動方式：液力傳動柴油引擎　編組：1節　最高速度：100km/h

　キハ122型是為了改善姬新線姬路～上月路段的運輸，於2008年開始製造，並在隔年3月14日改點時投入營運之車輛。除了提升車體強度，確保安全外，更取消高度落差，於車內配置無障礙空間、無障礙廁所等，做了非常多使用上的調整。車輛本身更是搭載高性能引擎，目前仍然行駛於姬路～上月之間的路段。

　設計與設備皆以223系電車為基準，座位配置則是1＋2人的翻背式橫向座椅，並設有因應一人服務駕駛的LED式終點顯示器。

JR 西日本　キハ122型在登場時，被視為姬新線的王牌。車窗下方裹著黃色與橘色色帶。為了能單節運行，雙邊皆設有駕駛室

キハ125型

投入營運：1993年
驅動方式：液力傳動柴油引擎
編組：1節
最高速度：95km/h

　キハ125型是JR九州為了地方路線所開發的車輛，自1993年開始營運。考量車輛運用上的自由度，キハ125型採用能與其他型號併結的結構。此外，為達低成本，更大幅減少零件數量。

　車內端部設有長椅，其他部分則為非字型座椅。

　目前行駛於唐津線、筑肥線、久大本線、豐肥本線、日田彥山線。

JR 九州　駛於久大本線的キハ125型，投入JR九州北部路線之運行

キハ126系

投入營運：2001年　驅動方式：液力傳動柴油引擎
編組：2節　最高速度：100km/h

　キハ126系是為了連接山陰地區都市間所開發之車輛，於

2001年秋天起開始營運。過程中，鳥取縣及島根縣更投入資金援助第一代車（0番台）的開發，作為地區發展政策的環節之一。車體使用輕量不鏽鋼，搭載無枕梁式轉向架，使車輛能高速行駛。一般會以2節編組運行。

　登場至今，仍持續使用在山陰本線鳥取～益田區間的快速列車「鳥取Liner號」（とっとりライナー）與「Aqua Liner號」（アクアライナー）、普通列車，以及境線全線的普通列車中。

`JR 西日本`　キハ126系在山陰本線鳥取以西使用於快速列車「Aqua Liner號」及普通列車中，行駛時最高速度為100km

`JR 西日本`
以「山陰海岸地質公園」為主題設計的キハ126系

キハ127系

投入營運：2009年
驅動方式：液力傳動柴油引擎
編組：2節
最高速度：95km/h

　キハ127系與キハ122型都是為了改善姬新線姬路地區的運輸所開發，自2009年3月起開始營運。キハ127系與キハ122型雖然有很多共通之處，但相對於キハ122型以1節編組行駛，キハ127系則是採用2節編組，且駕駛室僅設於單側。基本的0番台無廁所，1000番台則有設置。車體以不鏽鋼打造，採用無枕梁式轉向架。

`JR 西日本`　為了改善姬新線駛經姬路的高通勤需求，開發並投入キハ127系

キハE130系

投入營運：2007年　驅動方式：液力傳動柴油引擎
編組：1、2節　最高速度：100km/h

キハE130系是為了提升水郡線的運用效率所開發，自2007年1月開始營運之車輛。列車是由1節車輛就能行駛的雙駕駛室キハE130系，搭配固定2節編組的單駕駛室キハE131型＋キハE132型這三款車輛組成。車體以不鏽鋼打造，力圖輕量化，車內則配置1＋2人的3排非字型座椅，另在無障礙空間設置廁所。
目前該車輛配置於水郡線和久留里線。

負責水郡線運輸任務的キハE130系，依照不同的投入線區，塗裝也會相異

為了久留里線打造並導入的キハE130系100番台，車窗四周框有藍色與綠色色帶

キハ141系

投入營運：1994年
驅動方式：液力傳動柴油引擎
編組：2節
最高速度：110km/h

キハ141系裡頭的143型是以50系客車改造而成。同系列的キハ141型與キハ142型在平成時代初期雖然仍相當活躍，但之後作為增備用的改造車輛，改搭載キハ150型的驅動裝置，同時還能因應一人服務駕駛，變更成2節一組的配置。車體以普通鋼打造，車內採1＋2人的3排橫向座椅，車廂前後則設縱向座椅。

キハ141系目前還分屬於室蘭本線及千歲線。此外，作為「SL銀河號」客車使用的キハ143型700番台，則是由JR北海道另外轉讓的車輛。

駛於室蘭本線的キハ143型100番台與150番台，後者設有廁所

キハ150型

投入營運：1993年
驅動方式：液力傳動柴油引擎
編組：1節
最高速度：110km/h

　キハ150型是為了汰換掉老舊的舊款近郊型車輛所開發，雖然屬小型車，但搭載1組高性能引擎，滿足高輸出、低油耗需求。輸出表現較既有車輛高出25％，在冬天積雪環境或陡坡區間也能單節運行。車體以普通鋼打造，且採用無枕梁式轉向架。

　車內同時配有1＋2人的3排非字型座椅，連廊處則未特別區隔。

　目前使用在函館本線的長萬部～札幌區間，以及室蘭本線長萬部～苫小牧的路段。

JR 北海道　目前仍活躍於JR北海道室蘭本線等路線的キハ150型，能單節運行

キハ185系

投入營運：1986年　驅動方式：液力傳動柴油引擎
編組：1節　最高速度：100km/h

　キハ185系是在國鐵時代末期登場，配屬於四國的車輛。此款本是特急型車輛，目前在四國仍活躍於「渦潮號」、「劍山號」、「室戶號」等列車中（參照P.127）。キハ185系在JR四國的普遍性極高，除了用來改造成各種類型的愉快列車外，部分車輛亦投入普通列車的運行。目前行駛於予讚線及內子線。車輛則是將0番台改造成普通列車規格的3100番台。如此一來便能與其他型號的普通列車用氣動車併結運行。

JR 四國　予讚線的キハ185系3100番台原本是特急車輛，改造成普通列車規格後，車身繪有紅線條

キハ200系

投入營運：1991年　　**驅動方式**：液力傳動柴油引擎
編組：1、2節　　**最高速度**：110km/h

キハ200系是JR九州為了一掃氣動車給人的既定印象，於1991年投入篠栗線的快速用車輛。此車款就像是氣動車版的811系電車，車廂以雙開式3門，搭配翻背式橫向座椅。時速可

達110km，並搭載新開發的爪型離合器變速箱。車體雖然使用普通鋼材質，但轉向架的部分採用無枕梁式轉向架。

車輛規格會依投入線區而略有差異，從基本番台的0番台發展至5000番台，呈現多樣的規格發展。目前除了投入行駛於長崎～諫早～早岐～佐世保的「海岸快速列車」外，0番台、100番台、200番台、500番台、1000番台、1500番台、5000番台這些番台的車輛，亦活躍於豐肥本線大分～豐後竹田路段、久大本線、日豐本線大分～延岡路段、豐肥本線熊本～宮地路段以及三角線。

JR 九州 一改氣動車既定印象，外型變俐落的キハ200系

JR 九州 車身裏上JR九州形象色的紅色，駛於久大本線的キハ200系。採設有廁所的0番台與1000番台的2節編組

JR 九州 指宿枕崎線的キハ200系裹著以油菜花為概念的黃色，車身有著大大的「NANOHANA」標誌。以500番台與1500番台編組而成

JR 九州 穿駛於大村灣海岸線的キハ200系「海岸快速列車」，連接起長崎與佐世保。藍底塗裝配上紅色車門相當吸睛

JR九州 駛於肥薩線的キハ200系1100番台，照片中的1100番台是以指宿枕崎線時代的「油菜花DX號」車輛改造而成

JR九州 於豐肥本線的キハ220型，車頭上方裝有大大的LED式終點顯示器，駛屬雙駕駛室的一人服務車

キハ201系

投入營運：1997年
驅動方式：液力傳動柴油引擎
編組：3節
最高速度：120km/h

キハ201系是為了提升從函館本線小樽以西的非電氣化區間，延伸至札幌地區的通勤通學運輸效率，並追求高速化，於1997年3月22日投入的近郊型氣動車。由於車體設計、搭載的技術及行駛性能，皆和同期登場的731系電車相同，因此在電氣化區間能將電車與氣動車做整合式運行。可說是實現高速直達列車的過程中，相當跨時代性的車輛。キハ201系的最高速度達120km。車體以不鏽鋼打造，採用無枕梁式轉向架，投入了不少當時的最新技術。目前仍持續行駛於函館本線俱知安～江別之間。

JR 北海道

活躍於函館本線通勤運輸的キハ201系，以100、200、300番台的3節固定編組運行

キハ1000型

投入營運：1989年　**驅動方式**：液力傳動柴油引擎
編組：1節　**最高速度**：110km/h

キハ1000型是JR四國成立後，為汰換老舊車輛所開發的氣動車。可單節運行，最高速度更達110km。車體以輕量不鏽鋼打造，車內配置非字型座椅。

設有3處車門，中間車門為雙開式，其他2處則為單片式。
目前駛於高德線、德島縣、牟岐線、土讚線等。

JR 四國　用來作為高德線、德島縣、牟岐線、土讚線等路線運輸的キハ1000型，活躍範圍相當廣泛

キハ1200型

投入營運：2006年　驅動方式：液力傳動柴油引擎
編組：1節　最高速度：110km/h

キハ1200型是為了能與幾乎同時期登場的キハ1500型併結運行，將キハ1000型的連結器從密著式換成電氣式的改造車輛。其他部分皆與キハ1000型相同。為因應キハ1500型的增產，キハ1200型也持續地以キハ1000型進行改造。車廂兩端設有駕駛室，車體則採用不鏽鋼材質。

目前有18節車輛使用於高德線、德島線、牟岐線。

JR 四國 キハ1200型尚未報廢，18節車輛至今仍用在德島線、高德線、牟岐線的運行

キハ1500型

投入營運：2006年　驅動方式：液力傳動柴油引擎
編組：1節　最高速度：110km/h

キハ1500型是為了汰換掉老舊的キハ58系等車輛所開發，自2006年開始投入德島線、高德線、牟岐線的運行。車體與キハ1000型、キハ1200型同樣以輕量不鏽鋼打造。雙駕駛室的設計也與上述二型號相同。不同之處在於キハ1500型為縮小與車站月台間的落差，降低車廂地面高度，這也是考量環境後所做的改變。

目前仍有34節車輛使用於高德線、德島線、牟岐線。

JR 四國 キハ1500型是繼キハ1000型後登場的新世代一般型車輛，縮小了與月台的落差，並導入無障礙空間設計

混合動力車

キハ-E200型

投入營運：2007年　**驅動方式**：電力傳動柴油引擎＋鋰離子電池　**編組**：1節
最高速度：100km/h

　　キハ-E200型是領先全球問世的柴油型混合動力車，以結合既有柴油引擎與鋰離子電池的方式行駛，自2007年7月31日投入小海線的運行。採2節編組。

　　車體以輕量不鏽鋼打造，搭載VVVF變頻控制裝置，並採用無枕梁式轉向架等目前的最新設備。針對無障礙空間部分，キハ-E200型的特徵在於車廂地面設計比同樣投入小海線的キハ110系低45㎝。

JR東日本　キハ-E200型擔負起大家對新一代車輛的期待，運用在小海線上。同時也是世界首款混合動力車，車身有「HYBRID TRAIN」的標誌

HB-E210系

投入營運：2015年　**驅動方式**：電力傳動柴油引擎＋鋰離子電池　**編組**：2節　**最高速度**：100km/h

　　HB-E210系自2015年5月30日投入仙台～小牛田之間的運行，同年8月6日起也開始行駛於石卷線石卷～女川區間，是同時搭載柴油引擎與鋰離子蓄電池運行的混合動力車。

　　小海線的キハ-E200型雖然僅生產3輛，但HB-E210系光是編組就投入了8節車輛。

　　車體以不鏽鋼打造，搭載VVVF變頻控制裝置以及無枕梁式轉向架。車內裝設有蓄電池儀器的位置採縱向座椅，其餘則為非字型座椅。

JR東日本
2016年登場的柴油式混合動力車，投入東北本線與仙石線之間的捷徑路線，以快速列車連接起仙台及石卷

事業用車

キヤ95系

投入營運：1996年　驅動方式：液力傳動柴油引擎　編組：3節　最高速度：120km/h

為了汰換掉自國鐵時代就開始使用的試驗車，JR東海開發了キヤ95系這款軌道暨電氣綜合試驗車。採キヤ95型＋キサヤ94型＋キヤ95型的3節固定編組，第1節的キヤ95型負責架空線量測；中間的キサヤ94型為附隨車，用來檢測軌道；最後的キヤ95型則用來檢測訊號及列車無線的部分。キヤ95系是能夠以每小時120km高速行駛的試驗車，人們亦將其暱稱為「Dr.東海」。

JR東海　有著「Dr.東海」暱稱的試驗車，不鏽鋼車體搭載著高性能設備

キヤ97系

投入營運：2008年　驅動方式：液力傳動柴油引擎　編組：2、13節　最高速度：110km/h

キヤ97系是JR東海製造的軌道搬運車，分為可搬運25m軌道與200m長軌道兩種類型。前者與後者分別在2008年4月及7月開始運用。

空車時的時速可達110km，載運軌道時的行駛時速則為95km。轉向架部分則採用無枕梁式轉向架。

JR東海　照片為搬運25m軌道的キヤ97系，另有可搬運200m長軌道之車輛

キヤ141系

投入營運：2006年　**驅動方式**：液力傳動柴油引擎　**編組**：2節　**最高速度**：100km/h

キヤ141系是JR西日本於2006年開發，用來檢測訊號、通訊與軌道間相關性的試驗車。採2節固定編組，キヤ141型負責訊號與通訊檢測，キクヤ141型則是負責路線是否歪斜的軌道檢測。車體以輕量不鏽鋼打造，並採用無枕梁式轉向架。

除JR西日本外，JR四國、JR九州以及鄰近的第三鐵道公司亦使用此款試驗車。

JR 西日本　投入キヤ141系，取代國鐵時代的キヤ190、191型及マヤ34型

キヤ143型

投入營運：2015年　**驅動方式**：液力傳動柴油引擎　**編組**：1節　**最高速度**：75km/h　**特色**：首款柴油式的除雪車

キヤ143型是JR西日本保有的犁式除雪柴油車。採1節編組行駛，為了讓車輛無須轉換方向，因此兩端皆設有駕駛室。配屬於山陰地區及北陸地區，用來進行冬季的除雪作業。

JR 西日本　說到除雪，一般都會認為是機車的天下，但キヤ143型可是能除雪的氣動車

キヤE193系

投入營運：2002年　**編組**：3節　**最高速度**：110km/h

キヤE193系是為了汰換掉老舊的キヤ190、191型，用在非電氣化路線的電氣系統與軌道系統綜合試驗車。キヤE193系雖然可行駛於JR東日本ATC區間除外的所有路段，但一般用來檢測秋田車輛基地管轄的在來線非電氣化區間，有時也會使用在JR貨物的行駛路線上。第1節的キヤE193型負責檢測地面上的訊號儀器和通訊儀器；中間的キヤE192型量測電力相關項目；最後的キクヤE193型則檢測軌道項目。

JR 東日本　用來檢測電氣系統與軌道系統的試驗車，配置於秋田車輛基地

機車

Locomotive

▌蒸汽機車

▌電力機車（直流式）

▌電力機車（交流式）

▌電力機車（直交流式）

▌柴油機車

蒸汽機車

8620型

投入營運：1914年　**軸式**：1C　**最高速度**：85km/h
特色：日本首款國產的量產型旅客用機車

8620型於1914年登場，是用來牽引幹線旅客列車的機車。日本在鐵道草創時期雖然都是從英國、德國、美國進口蒸汽機車，但來到明治時代後半期，開始出現國產化的趨勢，逐漸地能夠自製機車。進入大正時代後，日本為了能大量製造，首

先在1913年開發了貨物用的9600型，接著就是隔年誕生的8620型旅客用機車。

8620型甫開發誕生之際，其優越的性能便立刻獲得極高的評價，截至1929年為止，總生產量共計為672輛。8620型可說是幹線與次幹線旅客用的蒸汽機車的原型，也被鐵道迷暱稱為「86」（ハチロク）。

晚年隨著後繼的新款機車問世，8620型便退出了幹線，轉為在地路線的行駛及調車用。

目前僅58654號仍保有車籍號碼，隸屬JR九州的熊本車輛基地，用來作為愉快列車「SL人吉號」的牽引車。

JR 九州
目前僅存仍可動態行駛的8620型，是負責牽引愉快列車「SL人吉號」，相當具備人氣的58654號機車

JR 九州　在球磨川上發出震耳欲聾的噴煙聲，拖曳著雄壯煙霧行駛

C11型

投入營運：1932年　軸式：1C　最高速度：85km/h

　C11型是昭和時代初期，為了投入與私鐵相競爭的大都市近郊路線，所開發的水櫃式小型蒸汽機車。性能不僅延續廣獲好評的C10型設計，車體則是變得更輕。

　動輪直徑1520mm，軸式分別為前輪1、動輪3、後輪2，也就是所謂的1C2型。水櫃式蒸汽機車，是指駕駛室後方未加掛煤水車，而是在鍋爐旁配置水櫃的機車。煤炭則是放置於機車頭後方的小型收納空間。

　從1932年至二次戰後的1947年，總計生產381輛。由於機動性能表現佳，備受重用，相當活躍於日本各地的都市近郊路線及地方線區。

　目前仍可動態行駛的C11型機車僅剩171號，負責牽引行駛於JR北海道釧網本線、僅在冬季登場的臨時列車「SL冬季溼原號」。

JR 北海道

東武鐵道向JR北海道商借的207號機車，自2017年起負責牽引著「大樹號」，活躍於鬼怒川線的下今市～鬼怒川溫泉之間

JR 北海道　引領著「SL冬季溼原號」駛於釧網本線的171號機車，列車正穿過凍結的釧路溼原

C56型

| 投入營運：1935年 | 軸式：1C | 最高速度：75km/h |

C56型是1935～1939年期間，總計生產160輛的機車，同時也是活躍於地方路段的煤水式小型蒸汽機車。C56型就好比早一步在1932年登場的C12型小型水櫃式蒸汽機車的煤水版

本，不僅能牽引客車，也能牽引貨物列車。

　　C56型雖然活躍於日本各路線，但二戰時1號～90號機車皆被送往南方戰線，車輛全軍覆沒僅存44號，實屬命運悲慘的車款。目前置於梅小路車輛基地，僅存1輛的160號機車為最後生產之車輛，如今仍動態保存於梅小路蒸汽火車博物館（現在的京都鐵道博物館）。160號機車曾輾轉用在北海道、本州、四國各地，作為列車最前頭的車輛，目前則是用來牽引北陸本線米原～木之本區間的「SL北琵琶湖號」（SL北びわこ）。

JR 西日本

C56型僅存的動態保存機車160號，其實也是當年所生產的最後一台車輛。160號曾駛往日本各地，擁有極高人氣

JR 西日本 牽引著愉快列車「SL北琵琶湖號」的160號機車，列車正駛於北陸本線米原～木之本間的琵琶湖畔

C57型

投入營運：1937年　軸式：2C1　最高速度：100km/h

C57型是截至1942年為止生產169輛，二戰後的1947年間生產32輛，總計生產201輛，駛於幹線的旅客用機車。C57型不僅是C51型這輛人稱名機的後繼車款，其優美的比例更在之後博得「貴婦人」的稱號。但在機務段等單位則被稱為「シゴナナ」。對鐵道迷而言，後者的稱呼較為普遍。C57型與D51

型堪稱是奠定近代型蒸汽機車樣貌的知名車款。

C57型的軸式為2C1（前輪2＋動輪3＋後輪1），亦稱為「太平洋式」。動輪直徑為日本最大的1750㎜，該尺寸更被延用至最後一款旅客用機車的C62型。

目前C57型1號機車存放於京都鐵道博物館（舊梅小路蒸汽火車博物館），但仍會被派遣至山口線，作為牽引臨時快速列車「SL山口號」（SLやまぐち）的機車頭，讓人欣賞其充滿活力的模樣。

此外，180號機車則是負責引領磐越西線的臨時快速列車「SL磐越物語號」（SLばんえつ物語），可說備受歡迎。

JR 西日本

復活的SL列車始祖，牽引著快速列車「SL山口號」的C57型1號。既然編列為1號，當然就是C57型的第一輛機車

JR 東日本　180號機車牽引著連接新潟與會津若松的「SL磐越物語號」。列車駛過會津的田野，沿著阿賀野川的溪谷噴吐煙霧

C58型

投入營運：1938年　軸式：1C1　最高速度：85km/h

C58型是以D51型為首，並延續了C57型的近代型標準機車，於1938年登場，亦屬中型的煤水式機車。C58型同時擁有9600型貨物機車與8620型旅客機車這兩款大正時代所生產的機車性能，是能夠貨客兩用的萬能車款。軸式為1C1（前輪1

＋動輪3＋後輪1），同時也是日本國產機車首見的軸式。

截至二戰後的1947年，C58型總計生產427輛，並被配送至各地的在地路線，充分發揮外界對它的期待。二次大戰時有22輛C58型被送往戰地，卻在運送過程中遭遇轟炸，幾乎全數沉入大海，可說是歷史相當悲情的機車。

復駛的239號機車原本靜態保存於盛岡市的岩手縣營交通公園，但為了祈求東日本大地震的復興，於是將其復原後，投入行駛於釜石線的觀光列車「SL銀河號」中。復原過程中不僅加裝重油混燒裝置，更改造成能與キハ141系氣動車搭配運行。

JR 東日本
C58型正駛渡宮守川橋梁的拱橋處，牽引著以宮澤賢治為主題，運行於釜石線的「SL銀河號」

JR 東日本　原本靜態保存於盛岡市公園內的C58型。連接於後方的是氣動車，行駛時也會借助蒸汽機車的力量

C61型

投入營運：1947年　**軸式：**2C2　**最高速度：**100km/h
特色：日本首輛Hudson型機車

　　第二次世界大戰時，國鐵承受來自軍方的壓力，必須經常協助載運軍用物資，但戰敗後，旅客運輸需求反而立刻變大。然而，就算想製造新的客用機車，卻受限於資材不足。再加上以美軍為主體的駐日盟軍總司令部（GHQ）不肯發行製造許可，因此只能改造貨物機車作為載客使用，而從中誕生的，就是

C61型與C62型機車。C61型沿用D51型的鍋爐，動輪則由4軸改為3軸，並將動輪直徑從1400mm加大為1750mm製造而成。其實雖說是改造，但實際上已接近新製。

　　1947年至1949年期間生產了33輛，分別配屬於東北本線、常磐線、奧羽本線、鹿兒島本線等地方幹線，作為旅客列車的運輸使用。

　　目前C61型的2號機車與20號機車，分別動態保存於京都鐵道博物館（舊梅小路蒸汽火車博物館），以及JR東日本高崎車輛基地的高崎支所。後者是以靜態保存車輛的方式修復，目前在高崎地區會與D51型498號機車一同牽引著臨時列車，相當受到歡迎。

JR 西日本

動態保存於京都鐵道博物館的2號機車，移動範圍僅限博物館區內，無法行駛於本線上

JR 東日本　隸屬高崎車輛基地的20號機車正與僚機的D51型498號機車，一同牽引行駛於上越線高崎〜水上的臨時列車

C62型

投入營運：1948年　軸式：2C2　最高速度：100km/h
特色：日本最大最快的蒸汽機車

二次世界大戰後，駐日盟軍總司令部（GHQ）不肯發行旅客用機車的新製許可，因此國鐵只能用僅存的貨物機車做改造。與C61型一同誕生的，就是以D52型改造而成的C62型。

用來作為基礎的D52型是凌駕在D51型之上、日本最大的貨物用機車，C62型當然也就成了最大的旅客用機車。C62型立刻被投入東海道本線、山陽本線的運行，其中，目前保存於京都鐵道博物館的2號機車上的集煙板，有著象徵國鐵的燕子標誌，過去可是颯爽地在前頭牽引著特急列車「燕子號」（つばめ）與「鴿子號」（はと），疾駛於東海道本線上。之後，2號機車更駛至北海道，是人稱「Swallow Angel」，擁有人氣且充滿光榮的機車。

JR 西日本　過去曾在東海道本線上，英姿煥發地於前頭引領著特急列車「燕子號」的名機。
集煙板上的燕子標誌還留有既往的痕跡，現役時代可說擁有超高人氣

保存於京都鐵道博物館的蒸汽機車

JR 西日本

將曾經活躍的機車靜態保存的博物館

JR西日本於2016年4月29日啟用了「京都鐵道博物館」，這裡原本是為了迎接鐵道百年紀念，活用梅小路機務段，並於1972年10月10日開館的梅小路蒸汽火車博物館，其中的設施直接納入京都鐵道博物館中。機務段時代的扇型車庫中除了有古典的蒸汽機車之外，

作為特急、急行牽引機車相當活躍的C55型1號機車

牽引御召列車（皇室成員所搭乘的列車）的C51型239號機車

還以不同於投入山口線等，動態機車的呈現方式，靜態保存了8620型8630號、9600型9633號、B20型10號、C11型64號、C51型239號、C53型45號、C55型1號、C58型1號、C59型164號、C62型1號及2號、D50型140號、D51型1號、D52型468號這些近代型蒸汽機車。

D51型

投入營運：1936年　軸式：1D1　最高速度：85km/h
特色：日本機車史上，生產輛數最多的知名貨物機車

D51型是近代型蒸汽機車標準的貨物用車款，自1936年至1945年期間，生產數量達1115輛。暱稱的「デゴイチ」甚至直接成了蒸汽機車的代名詞。1D1（前輪1＋動輪4＋後輪1）的軸式是日本領先全球導入的設計，又因為日本是天皇之國（帝の国），於是亦被稱為「Mikado式」。

既然生產數量能夠破千，也足以證明D51型的性能是多麼地出眾。由於生產輛數多，因此在日本全國的幹線、次幹線看見D51型的身影。

也因為D51型的製造歷程很長，外型上又可分為第一代、第二代及第三代。第一代從煙筒到砂箱完全包覆起來，這樣的形狀被稱為「蛞蝓」。第二代為標準型。第三代則因戰爭導致資材不足，因此集煙板改以木造。第一代的D51型中，22、23號更是連同煙筒整個包覆至砂箱，因此又被稱為「超級蛞蝓」。

目前僅剩200號與498號分別置於JR西日本的梅小路運轉區和JR東日本高崎車輛基地的高崎支所。200號仍能在京都鐵道博物館內運轉，498號則會在需要時引領著臨時列車。

JR 西日本 200號機車於1938年製造，主要活躍於中部地區，最後保存於京都鐵道博物館。2017年投入「SL山口號」運行

JR 東日本 牽引著「SL Retro碓冰號」，行駛於信越本線高崎站～橫川站間的498號機車

JR 東日本 牽引著上越線「SL水上號」舊型客車時的模樣，讓人憶起498號的全盛時期

電力機車（直流式）

EF60型

投入營運：1960年
供電方式：直流1500V　　**軸式**：B-B-B
最高速度：90km/h（第一代）、100km/h
（第二、三代、500番台）

　　EF60型是1960年至1964年期間，總計生產143輛，使用於直流電氣區間的機車。動軸為6輪，剛開始雖然用來投入東海道及山陽本線的運行，但隨著後繼車種EF65型的登場，EF60型露臉的機會也隨之減少。

　　目前僅19號機車仍隸屬JR東日本高崎車輛基地的高崎支所，偶爾會作為活動的臨時列車使用。

JR東日本 曾活躍於東海道本線等路線的EF60型，如今只剩19號機車。過去塗裝配合愉快列車「和平號」，目前已恢復成原本的國鐵色

EF64型

投入營運：1965年　　**供電方式**：直流1500V
軸式：B-B-B　　**最高速度**：115km/h（設計最高速度）

　　EF64型是為了投入奧羽本線上，連續坡度超過30‰的福島～米澤路段，也就是穿越板谷山道所開發的車輛。此車款也大幅增加了奧羽本線的運輸能力。EF64型是以EF62型為基礎設計而成，因此延續了重聯總控制及軸重移動補償等裝置，截至1976年為止，共生產了132輛。

　　奧羽本線此區間切換為交流電後，EF64型便移轉至中央本線、篠之井線使用，另也相當活躍於上越線。

　　JR東日本高崎車輛基地的高崎支所，以及長岡車輛基地兩處目前仍保留8輛臨時用車，另有38輛EF64型隸屬於JR貨物愛知機務段。

JR東日本 位於高崎車輛基地，塗裝著國鐵時代初期，電力機車標準紅黑色的37號機車

JR貨物 JR貨物目前仍有多輛EF64型活躍於直流電氣區間

EF65型

投入營運：1965年　**供電方式**：直流1500V
軸式：B-B-B　**最高速度**：110km/h

在幹線用標準型電力機車中，EF65型擁有最龐大的生產數量。首先，1～135號的基本番台生產於1965～1970年間，用來牽引行駛於東海道本線和山陽本線的貨物列車。車輛更搭載能夠自動進段的電動凸輪軸式控制器、輔助控制、軸重移動補償，以及空轉檢出等當時最新的裝置。

以電力機車而言，EF65型的總生產輛數來到最多的308輛。1965、1966年生產的500番台又可分成牽引特急列車的P型與高速貨物列車的F型。P型總是位在從東京邁向九州的藍色列車最前頭，是引領「櫻花號」、「富士號」的人氣機車。

1969年登場的1000番台為了能夠投入上越線的運行，採耐寒耐雪結構。

目前仍有多台EF65型車輛，隸屬JR東日本、JR西日本及JR貨物，JR東日本與JR西日本2間載客公司將EF65型作為臨時運用，JR貨物旗下的60多輛EF65型皆為現役車輛。

`JR 東日本` 過去牽引藍色列車「櫻花號」的EF65型501號機車，目前隸屬高崎車輛基地，有時會作為活動列車現身本線

`JR 西日本` `JR 東日本`

EF65型1000番台除活動用外，亦會用來牽引工程或配給列車

`JR 貨物` 掛著JR貨物紅色底板的EF65型2000番台

EF66型

投入營運：1968年　供電方式：直流1500V　軸式：B-B-B
最高速度：110km/h

　　EF66型是輸出能力達3900kW最高等級的貨物用高速機車，在1966年9月先製造了EF90型試作機（之後便組裝入EF66型中），接著便以EF66型之名，從1968年開始生產。截至1974年為止共生產90輛，即便國鐵民營化後，JR貨物仍繼續在1989年至1991年期間生產了33輛。

　　當初會開發EF66型，是為了因應昭和40年代名神、東名這幾條高速公路通車後，對抗貨運運輸普及化的趨勢。

　　EF66型雖為貨物機車，但本身的比例，尤其是前方有著過去機車不曾出現的設計，既優美、又充滿速度感，也讓鐵道迷紛紛提出用EF66型來牽引特急列車的聲音。當時的國鐵為了回應這份期待，於是將EF66型投入「朝風號」（あさかぜ）、「櫻花號」、「富士號」、「隼號」、「瑞穗號」等，幾乎牽引了所有的藍色列車，讓EF66型的人氣更加高漲。與EF65型同為名留青史的知名機車。目前仍有52輛EF66型隸屬JR貨物旗下。

JR貨物

開發作為高速貨物列車用，亦可牽引藍色列車的機車，車頂設有冷氣裝置

JR貨物　EF66型100番台是國鐵轉為JR後，為因應貨物需求製造之機車

EF67型

投入營運：1982年　**供電方式**：直流1500V　**軸式**：B-B-B
最高速度：100km/h

　　由於用來投入山陽本線的險關瀨野～八本松間大坡度路段的輔助機車EF59型已經老舊，於是製造了替換用的EF67型。但EF67型並非全新開發，而是改造車款。分別取3輛EF60型及5輛EF65型，總計改造成8輛EF67型。基本番台使用EF60型，100番台則是EF65型的改造機。該車款採用斬波控制方式，提升黏著力，成為光靠一輛輔助機車就能輸送1200噸等級的貨物列車。

　　EF65型隸屬廣島車輛基地，目前仍持續作為輔助機車運用。

JR貨物
用來投入山陽本線瀨野～八本松之間大坡度路段的輔助機車，此任務至今仍未改變

EF200型

投入營運：1990年　**供電方式**：直流1500V　**軸式**：B-B-B
最高速度：110km/h

　　國鐵切換為JR貨物時，為提升貨物，尤其是貨櫃運輸能力，於是開發了EF200型。當時具體的開發目標，是要能夠牽引重達1600噸（32節編組）的貨櫃列車。EF200型更是電力機車中，首輛搭載VVVF變頻控制的車款，藉此產出相當於EF66型1.5倍的牽引能力。

　　1990年先推出試作機901號，1992年起也陸續投入量產車輛的運行，期間總計生產21輛。不僅如此，EF200型更是當時睽違已久登場的電力機車。

　　包含試作車，目前所有車輛皆匯集於JR貨物的吹田機務段。

JR貨物
開發作為貨櫃列車運輸用的機車，是JR化後不久推出的車款

EF210型

投入營運：1996年　供電方式：直流1500V　軸式：B-B-B　最高速度：110km/h

EF210型是延續EF65型所開發的後繼車款。開發時的目標是要能夠牽引東海道本線1200噸的列車（26輛編組的貨櫃列車），但其實這遠輕於EF200型的目標，對於EF210型在黏著性能上的表現也相對不利。車輛採用1組VVVF變頻裝置驅動2組馬達的設計。其暱稱為「ECO-POWER桃太郎」，也意指節能型機車。

目前配置於新鶴見機務段、吹田機務段、岡山機務段，運行於東海道本線、山陽本線等多條都市鐵道路段。

JR貨物開發作為EF65型後繼車款的EF210型，暱稱為「ECO-POWER桃太郎」

EH200型

投入營運：2001年　供電方式：直流1500V　軸式：B-B＋B-B　最高速度：110km/h

EH200型是延續EF64型，於2001年登場的後繼車款，也是JR貨物繼EH500型後可雙節重聯的2軸轉向架車，如此性能足以與重聯行駛的EF64型匹敵。換言之，和2輛EF64型的12軸相比，只要8軸的無枕梁式轉向架就能擁有同級性能。EH200型採VVVF變頻控制，同時也是「雙模式車輛」（Dual Mode Vehicle，DMV），即使輔助電源裝置發生問題，部分主迴路也能切換為輔助電源迴路，降低故障程度。

其暱稱為「ECO-POWER蔚藍閃電」，除高崎線、中央本線、上越線、信越本線、篠之井線外，亦活躍於首都圈的根岸線、武藏野線及南武線等路線。

眾人熟悉的暱稱「ECO-POWER蔚藍閃電」，相當活躍於首都圈各條路線

電力機車（交流式）

ED75型

投入營運：1963年　**供電方式**：交流20000V　**軸式**：B-B
最高速度：100km/h

　　ED75型可說是標準型的交流式機車。除了1963年登場的基本番台外，還有能對應60Hz頻率的300番台、使用耐寒耐雪結構的700番台，以及用來牽引特急或高速貨物列車的1000番台。1000番台過去還曾在特急「夕鶴號」（ゆうづる）、「曙光號」（あけぼの）等藍色列車的前頭，引領車輛運行。

　　隨著半導體科技的進步，ED75型不僅採用矽控整流器，取代過去不易保養、故障頻繁的水銀整流器，更提升了黏著性能與拉伸力的表現。基本番台又可分為附有冰柱切割板與無冰柱切割板的車款，不同番台的規格也會有些許差異。

　　JR東日本仙台車輛基地目前仍保留有5輛ED75型，作為臨時運用。

　　JR貨物原本還有8台車輛，但目前已全數報廢。

JR東日本

JR東日本的交流電力機車，位於秋田車輛基地的777號車輛，負責在奧羽本線上牽引工程車輛

JR東日本

仙台車輛基地的759號機車。曾用來牽引舊型客車或東北本線的臨時列車，目前ED75型僅剩下5輛

ED76型

投入營運：1965年
供電方式：交流20000V
軸式：B-2-B
最高速度：100km/h

　ED76型於1965年至1979年期間生產，作為九州旅客用機車的增備車。結構上與ED75型相同，但為因應九州南部較低階的路線，中間設有可變式軸重轉向架。

　JR九州在2012年11月報廢了最後3輛ED76型，目前JR貨物仍有7輛0番台及15輛1000番台。1000番台使用於客用、貨用高速列車，因此加強剎車系統性能。

JR 貨物

ED76型原是JR九州開發作為牽引旅客列車之車款，目前則在JR貨物負責牽引貨物列車

JR 貨物

加強剎車性能，能高速牽引的1000番台

EH800型

投入營運：2014年　供電方式：交流20000V、交流25000V　軸式：B-B＋B-B　最高速度：110km/h

2014年3月26日北海道新幹線新青森～新函館北斗通車時，預計將此路段的地上設備更改成與新幹線相同的規格，這也會使得既有的EH500型無法繼續運行，EH800型就是為了因應此情況所開發的車款。EH800型以EH500型為藍本，藉由更新行駛儀器開發而成，同時也是搭載最新高科技設備，2節相連的電力機車。車輛採用VVVF控制裝置及無枕梁式轉向架。

901號試作機於2012年登場，其後便進入量產，於2016年3月26日北海道新幹線通車時，開始投入運行。

目前五稜郭機務段配置有901號試作機及1號～19號，共計20台車輛。

JR貨物

從本州側的青函隧道口駛出的EH800型，這也是JR貨物在北海道新幹線通車時登場的最新車輛

JR貨物

在插秧季節駛於津輕線的EH800型1號機，負責來往北海道與本州間運輸貨物

電力機車（直交流式）

EF81型

投入營運：1968年　供電方式：直流1500V、交流20000V
軸式：B-B-B　最高速度：110km/h

EF81型可說是直交流機車的標準車款。當初是為了要能直接行駛於信越本線、北陸本線、羽越本線的直流電區、50Hz及60Hz交流電區3種供電方式相異的電氣區間，於1963年開發而成。性能比較直流式機車的EF65型，牽引馬達及齒輪比規格相同外，更搭載交流儀器用的主變壓器與整流裝置。為了因應行駛路段的自然條件，EF81型不僅加裝有耐寒耐雪裝置，更配備了排除雪害與鹽害裝置。能同時運用於載貨及載客上，也使得EF81型機車備受重用。

300番台是為了行駛關門隧道所製造，考量鹽害對策，車體採用不鏽鋼，材質與已先行投入的關門隧道專用車款EF30型相同。另外還有用來替代EF30型的400番台。JR貨物為了因應本州～九州間大幅增長的貨物運輸需求量，於1991年追加生產450番台，作為400番台的增備車。

目前EF81型有12輛隸屬於JR東日本，3輛隸屬JR西日本，45隸屬JR貨物。JR東日本與JR西日本的車輛皆作為臨時列車之用。

JR 東日本 牽引著「仙后座號團體專用列車」，田端運轉所的EF81型

JR 西日本 過去牽引寢台列車「曙光特快號」的EF81型。JR西日本保留既有塗裝，目前使用於臨時列車

JR 貨物 JR貨物用在關門隧道的新造450番台。形狀四方，前照燈與車尾燈為一體成型，配置於車輛下方

EF510型

投入營運：2002年　**供電方式**：直流1500V、交流20000V
軸式：B-B-B　**最高速度**：110km/h

EF510型是為了汰換掉行駛於北陸、信越、羽越、奧羽本線，也就是人稱日本海縱貫線及常磐線的EF81型，由JR貨物所開發的車款。2002年1號機車登場後，隨即投入量產。在平坦區間能牽引1300噸的貨物。考量保養與點檢的效率，轉向架與牽引馬達等主要設備皆比照EF210型。EF510型雖然是運轉整備重量達100.8噸，全長19.8m的大型機車，卻能以每小時110km的最高速度行駛。暱稱為「ECO-POWER紅色閃電」。

JR東日本也生產了15輛用來牽引寢台特急列車「仙后座號」（カシオペア）及「北斗星號」的500番台。2010年起雖然在「仙后座號」及「北斗星號」前頭領著列車運行，但隨著這2款特急列車的停駛，JR東日本便在2014年將車輛轉讓給JR貨物。

目前所有的EF510型皆匯集於JR貨物的富山機務段。

`JR 貨物`

EF510型一般都被稱為「ECO-POWER紅色閃電」，部分的設備儀器與直流式的EF210型共用

`JR 貨物`　塗裝成藍色的EF510型，這也是曾牽引過寢台特急列車「北斗星號」所留下的痕跡

EH500型

投入營運：1998年	供電方式：直流1500V、交流20000V
軸式：B-B＋B-B	最高速度：110km/h

　1988年3月13日青函隧道開通後，便能透過鐵道銜接本州與北海道的往來，但如果要讓來自首都圈的貨物列車直通北海道，仍必須更換3次機車頭，相當浪費時間。自國鐵分割民營化後，這樣的運輸模式依然持續長達10年之久。為了直通

運行，以及及汰換ED75型與ED70型，終於在1997年開發出EF500型。這也是繼1954年登場，大幅運用在東海道‧山陽本線貨物運輸的EH10型之後，睽違43年問世，雙節8軸的直交流兩用電力機車。

　EF210型的暱稱為「ECO-POWER桃太郎」，EF500型的暱稱則為「ECO-POWER金太郎」。

　此車款能夠行駛於直流、交流50Hz及60Hz三種供電方式相異的電氣區間。

　目前JR貨物共有67輛EF500型，除了作為首都圈與北海道間的運輸外，亦負責本州西側與北九州間的運輸。

JR 貨物 編號1號的EF500型機車，屬於雙節8軸的直交流兩用電力機車。從外觀來看，駕駛室四周塗裝成黑色，前照燈的位置則與事後的量產車輛不同

JR 貨物 第二代車款，與1號機車相比前照燈位置較高，3～9號機車也採用此設計。隸屬JR貨物仙台綜合鐵道部

JR 貨物 牽引著貨櫃的EF500型，是繼EH10型後問世的雙節電力機車。同時也是行駛於東北本線坡度達25‰以及雪量驚人地區的主角

柴油機車

DD14型

投入營運：1961年　**驅動方式**：液力傳動
柴油引擎　**軸式**：B-B　**特色**：國鐵製造的首款旋轉式除雪機車

DD14型在1961年及1966年總計生產了43輛。搭載2組引擎，積雪量較少時，會以1組除雪、1組驅動的方式運行。積雪量多時則會2組皆作為除雪用。

當積雪量較多時，則會採雙節背對背，人稱「反向重聯」的編組方式運行。

目前僅存2輛，分別是長岡車輛基地的310號與盛岡車輛基地青森派出所的327號。

JR 東日本　DD14型旋轉式除雪機車，僅剩2輛，照片的334號車已報廢

DD15型

投入營運：1961年　**驅動方式**：液力傳動
柴油引擎　**軸式**：B-B

DD15型是在作為調車用的DD13型車輛上，安裝犁式除雪裝置，能將雪鏟飛至兩側的除雪用機車。透過連結器與棒子，能自由地拆裝車輛上的除雪裝置。除了無雪的季節也能切換使用外，在終點站也無須變換車頭方向。

目前DD15型僅剩11號車，隸屬金澤綜合車輛所富山支所。

JR 西日本　犁式除雪機車，於富山車站內待機的是僅存的11號車

DD16型

投入營運：1972年　**驅動方式**：液力傳動
柴油引擎　**軸式**：B-B　**最高速度**：75km/h

DD16型是針對C56型及C12型行駛於軌道結構較弱的路段時，推動無煙化政策所開發的車款。由於軸重限制嚴苛，不僅必須控制在12噸，運轉整備重量更不得超過48噸。

DD16型總計生產65輛，其中4輛在1979年至1983年期間改造成除雪用車。

目前DD16型僅剩11號車，留存於長野綜合車輛基地。

JR 東日本　作為活動列車行駛於大糸線的DD16型，目前僅剩11號車

DD51型

投入營運：1962年　**驅動方式：**液力傳動柴油引擎
軸式：B-2-B　**最高速度：**95km/h　**特色：**百分之百日本技術打造的國產大型液力傳動柴油機車

DD51型是為了推動國鐵無煙化計畫所開發的車款，用來取代使用於全國的大型蒸汽機車。自1962年至1968年期間總計生產了649輛。DD51型是以百分之百日本技術打造的國產車，

性能表現與D51型、C62型蒸汽機車不相上下。

車輛藉由改變中間轉向架的空氣彈簧壓力來減輕軸重，除了用在幹線，亦可駛入次幹線。

昭和30年代後半至40年代期間，DD51型配置於四國地區以外的全國幹線、次幹線，大放異彩。就連國鐵分割民營化之際，四國除外的JR各社也繼承多輛DD51型。但隨著貨運需求銳減，DD51型逐漸失去上場機會；再加上JR貨物持續投入DF200型、HD300型等車款，使得DD51型數量過剩。

目前JR東日本剩下4輛，JR西日本剩下8輛，皆作為臨時列車用。JR貨物則有35輛，用來牽引貨物列車。

JR 貨物

有著JRF標誌的橘色車身，配上白色線條與灰色貨物車輛色的JR貨車DD51型。此車輛隸屬愛知機務段，運用於稻澤～四日市等路段

JR 西日本　**JR 東日本**

保有原色，用來牽引活動列車，仍留在JR東日本的842號車，同時也是非電氣區間用來牽引御召列車的機車頭

DE10型

投入營運：1966年　**驅動方式**：液力傳動柴油引擎
軸式：AAA-B　**最高速度**：85km/h

DE10型是為了地方路線的無煙化與調車目的，自1966年起投入全國路段運用的車款。其優越性能備受重視，總計生產了708輛。目前仍有超過200輛的DE10型隸屬JR北海道、JR東日本、JR西日本、JR四國、JR九州、JR貨物，作為調車使用。負責載客業務的JR公司中，不少DE10型是作為臨時列車之用，部分還能作為事業用車。除基本番台外，另有500番台至3500番台多款類型。

DE10型除了配有DD51型使用的引擎外，更搭載1組附有大型的中間冷卻裝置，加強馬力性能的引擎。1969年起增備的1000番台引擎輸出能力更強大，甚至擁有超出C58型的動力驅動性能。另一方面，液體變速器必須應對行駛於本線及切換運轉兩種需求，因此能做高速與低速的2段式切換。

但隨著設備逐漸老舊，JR貨物也針對北海道地區的DE10型更換引擎。

JR 北海道　牽引著釧網本線「流冰慢車號」，隸屬釧路運輸車輛所的1660號車，這也是道北地區才有的冬季景緻

JR 東日本　維持登場塗裝色的DE10型1180號車，隸屬郡山綜合車輛基地，負責牽引活動列車或工程列車

JR 貨物　在石卷線上牽引著貨物列車的DE10型，塗裝為橘灰底色滾有白邊的JR貨物色

JR 西日本

從木次線出雲坂根車站的之字形路線出發的「奧出雲大蛇號」，牽引著列車的是1161號車

JR 九州

JR 九州用來回送「九州七星號」（ななつ星in九州）的1195號車，黑色車體配上橘色手把相當亮眼

DE11型

投入營運：1967年　驅動方式：液力傳動柴油引擎
軸式：AAA-B　最高速度：45km/h

DE11型是以DE10型為藍本製成的調車專用機車。1967年起生產了65輛基本番台的0番台，1974年起又生產了46輛加強輸出表現的1000番台。1979年登場的4輛2000番台則是採用隔音材質，提升引擎機房的閉密性，達低噪音化的車輛。

目前仍剩下JR東日本宇都宮運轉所的1000番台1041號車，以及JR貨物在新鶴見機務段的4輛2000番台。

JR 東日本

留於JR東日本的1041號車，在品川的車輛基地進行調車作業

JR 東日本

在相模貨物車站作為調車用的2000番台，以遮蓋住轉向架周圍的方式，達隔音效果

DE15型

投入營運：1967年	驅動方式：液力傳動柴油引擎
軸式：AAA-B	最高速度：85km/h

　　DE15型是開發用來取代DD15型的犁式除雪機車，自1967年投入運用。針對機車本體性能的部分，除了固定前頭車用來除雪的部分外，幾乎和DE10型相同。

　　前頭車備有1軸轉向架，透過3點密著式連結器與機車相連。這些設計同時也是考量DD15型安裝除雪設備較為費時，

以及除雪設備造成重量增加，導致可行駛的路段受限後，所做的改良。前頭處支撐轉向架的部分能夠改變方向，因此車輛無須再轉換前進方向。但若要轉向，就會衍生出必須清除四周積雪的問題，於是之後又將形狀變更為在兩端加設前頭部分。DD15型除了0番台外，還有加強輸出表現的1000番台、無蒸汽產生裝置的1500番台、改造成單線用的2500番台，以及2050番台、2550番台。

　　目前隸屬JR北海道的1500番台及2500番台總計13輛，JR東日本有2輛1500番台，JR西日本的0番台、1500番台、200番台、2500番台則共計9輛。

JR 西日本

牽引著木次線「奧出雲大蛇號」的2558號車

JR 北海道　牽引著JR北海道知名列車「富良野‧美瑛慢車號」的1534號車，與僚機的1533號車在北國大地共度餘生

DF200型

投入營運：1994年　驅動方式：電力傳動柴油引擎
軸式：B-B-B　最高速度：110 km/h（JR貨物）、100 km/h
（JR九州）　特色：JR九州「九州七星號」的牽引車

DF200型是JR貨物為了因應北海道的高速運輸需求，開發用來汰換DD51型的車款。由於DF200型的輸出能力增強，因此過去DD51型必須重聯牽引的重量只須單機便能作業。1992年

901號試作車登場後便進入量產，總計生產了50輛，屬電力柴油機車。人們又將DF200型暱稱為「ECO-POWER紅熊」。

機車透過2組強力引擎驅動發電機，將生產電力整流後，再利用VVVF變頻控制裝置，個別控制並驅動6台感應電動機。

目前DF200型皆集結於JR貨物鷲別機務段（譯註：該機務段已於2014年8月30日廢除），負責執行高速運輸任務。此外，JR九州也在2013年開始將DF200型用來作為豪華列車「九州七星號」的牽引車，並編名7000番台以便區隔。

JR九州

牽引著「九州七星號」的7000番台，厚實的皇家酒紅色塗裝車身，鑲有金色標誌

JR貨物

牽引著貨櫃列車，活躍地駛於JR北海道幹線上的DF200型，是人稱「ECO-POWER紅熊」，相當強有力的車款

HD300型

投入營運：2011年　驅動方式：電力傳動柴油引擎＋鋰離子電池　軸式：B-B　最高速度：45km/h（調車時）、110km/h（回送時）　特色：JR貨物首款混合動力機車

JR貨物從國鐵手中取得的調度用DE10型逐漸老舊，因此急於投入取代用的機車。於是將目光放在於柴油機車加裝蓄電池的混合動力機車，會有這樣的轉變也是基於對環境問題的考量。

以「環保無汙染的機車」為構想開發出的，就是這款HD300型混合動力機車。開發過程中，更設定了能具體實現構想的三個目標。分別是與DE10型相比，①大幅減少排出的有害氣體、②減少車外的噪音程度、③大幅減少CO_2排放量。

2010年開始生產，隔年的2011年9月11日便投入東京貨物總站運用。目前北至北海道、南至岡山配置有近30輛的HD300型，負責調車作業。其中，新鶴見機務段更有著以901號量產先行車為首，超過半數的HD300型。

JR貨物　JR貨物首次投入的混合動力型機車，車輛搭載了電力傳動柴油引擎與鋰離子蓄電池

DD200型

JR貨物為了調度所投入的新型機車

JR貨物

DD200型是JR貨物睽違已久新開發的調度用機車。

此車應用了DF200型的技術，同樣採取電力式傳動。屬軸式為B-B類型的柴油機車。DD200型主要雖然作為調度使用，卻能以每小時110km的最高速度行駛。

901號試作車於2017年6月19日登場，隨後便開始測試運行。確認結果後，預計投入新鶴見機務段開始稼動。

JR貨物備受期待的新銳車款

客車

Passenger car

12系

投入營運：1969年

12系是從1969年開始生產，截至1978年為止，總計生產了603輛的急行型座席客車。12系從一開始便設置冷氣，更是首輛裝有自動門的客車，以當時而言，實屬相當先進的車款。進入昭和50年代後，舊型客車開始掀起一股淘汰潮，這也讓12系與50系的運用機會增加。但其後急行列車減少，使12系的出場次數逐漸下降。即便如此，國鐵民營化時仍有601輛12系移交至JR各社手中。然而，以機車牽引的客車列車式微後，報廢車輛便隨之增加。

目前JR東日本與JR西日本尚餘30多輛12系，作為臨時或團體列車使用。還有不少改造成「SL磐越物語號」、「奧出雲大蛇號」（奧出雲おろち）、「SL山口號」、「飛鳥號」（あすか）、「SL北琵琶湖號」等愉快列車。另外，高崎車輛基地僅留下7輛作為臨時列車運用。

JR 西日本

JR西日本的12系使用在「SL北琵琶湖號」。面對面的座椅配置，再加上能開關窗戶的12系相當受歡迎

JR 東日本 高崎車輛基地的12系仍活躍於高崎線、上越線等活動列車中，保留著國鐵時代延續至今的藍色塗裝

舊型客車

スハフ32型 JR 東日本

投入營運：1929年

スハフ32型是在オハ31型這台早1年登場的車款後，隨之問世的鋼製客車。原本雖然採用螢幕式的雙層屋頂結構，1932年起生產的車輛則是變更為像目前一樣的圓形屋頂。目前僅剩1938年製的2357號車，隸屬高崎車輛基地，作為活動列車使用。

隸屬高崎車輛基地，作為臨時列車使用的スハフ32型

スハフ42型 JR 東日本 / JR 北海道

投入營運：1951年

スハフ42型是與堪稱戰後標準型客車的スハ43型同時生產的緩急車。車掌室設於出入口之外的車端部。目前僅剩JR東日本高崎車輛基地的2173號、2234號，以及JR北海道旭川運轉所的2071號、2261號，總計4輛。

目前僅剩幾輛隸屬JR東日本與JR北海道

オハ47型 JR 東日本

投入營運：1961年

オハ47型是以スハ43型改造的車輛。即便說是改造，也只有將轉向架換成TR23型。這是因為開始生產オハネ47型後，釋出了既有的轉向架設備。目前JR東日本的高崎車輛基地有2246號、2261號、2266號3輛オハ47型編制其下，作為活動列車使用。

高崎車輛基地剩餘的3輛オハ47型被作為活動列車使用

オハニ36型 JR 東日本

投入營運：1958年

オハニ36型是以オハニ63型改造後登場的車輛，主要是將急行用的オハニ63型轉向架更換為TR52型。目前僅剩11號1輛車保留於高崎車輛基地，作為活動列車使用。

僅存的オハニ36型11號配置於高崎車輛基地

マイテ49型 JR 西日本

投入營運：1938年

マイテ49型是1938年生產的特急用1等展望車。1961年曾一度報廢，事後又重新登場的マイテ49型2號車目前存放於宮原綜合車輛所。マイテ49型除了曾被進駐軍接收外，亦是曾在戰後作為特急列車使用的名車。

如今可是令人相當懷念的特急用展望車，目前僅剩2號存放於JR西日本宮原綜合車輛所

事業用車

スユニ50型　JR北海道　JR東日本

投入營運：1978年

　スユニ50型屬於郵務貨物合造車，總共生產80輛，且重新利用已報廢車輛的連結器與轉向架。基本的2000番台同時配備電力式與蒸汽式暖氣系統，500番台則只搭載蒸汽式暖氣設備。

　目前有511號、514號車分別隸屬JR北海道旭川運轉所與釧路運輸車輛所，另有2018號車隸屬JR東日本盛岡車輛基地，皆作為救援車使用。

原本是郵務貨物車的スユニ50型已改作救援車使用

マニ50型　JR東日本　JR西日本

投入營運：1978年

　以50系客車為設計藍本，自1977年登場起總計生產236輛。1986年廢除載貨列車後マニ50型也逐漸淘汰。國鐵民營化時，JR各社承接63輛，之後也不斷報廢，僅剩JR東日本的5輛與JR西日本的1輛。配置於秋田車輛基地的2183號為救援車，仙台車輛基地的2051號、郡山綜合車輛基地的2050號、高崎車輛基地高崎支所的2185號、水郡線營業所的2186號皆為救援用電源車，下關綜合車輛所廣島支所的2257號為事業用車。

以50型旅客車為藍本設計而成的貨物車，如今卻完全未用在貨物運輸上

マヤ50型　JR東日本

投入營運：1978年

　マヤ50型是以オハフ50型為基礎打造的建築界限測量車，經過2次改造成為目前的樣式。建築界限測量車過去主要用來測量隧道內部頂端，會在車端上方裝有就像箭的針狀物，又因為這樣的外型被稱為「花魁車」（おいらん車）。但之後改用雷射裝置，因此亦稱為「光之花魁車」（光おいらん車）。

　目前僅JR東日本仙台車輛基地仍保留1輛5001號車。

目前僅存於仙台車輛基地的5001號建築界限測量車

マヤ34型　JR北海道　JR九州

投入營運：1954年

　マヤ34型能夠在高速行駛軌道時，同時檢測線路有無變形的高速軌道檢查車。於1954～1981年間生產，負責檢查軌道動態特性。車內配備自動供電用柴油式發電機與冷氣裝置。

　目前僅剩JR北海道札幌運轉所的2008號，以及JR九州熊本車輛基地的2009號。

JR北海道與JR九州各留有1輛的高速軌道檢查車

オヤ31型　JR北海道　JR西日本

投入營運：1949年

　オヤ31型是建築界限測量車的試驗車款，在1949～1961年期間生產7輛。車輛側面插有散開的針狀物，可調查是否會碰觸障礙物，由於外型很像插了髮簪的花魁，因此又稱為「花魁車」。

　目前尚有JR北海道札幌運轉所的32號與JR西日本網干綜合車輛所宮原支部的31號，總計2輛仍在編制中。

人稱「花魁車」的建築界限測量車，目前僅剩2輛

愉快列車

Joyful Train

電車

E001系 TRAIN SUITE 四季島號　JR東日本

JR東日本引以為傲的超豪華列車

由JR東日本開發，以10節E001系編組成的「TRAIN SUITE四季島號」自2017年5月1日開始運行，同時也是繼JR九州的「九州七星號」後登場的豪華周遊列車。「TRAIN SUITE四季島號」是主打「深遊探訪」的10節編組列車，豪華程度極為吸睛。1號車與10號車分別設有名為「VIEW TERRACE Kizashi」以及「VIEW TERRACE Ibuki」的展望室。5號車與6號車則分別設有名為「LOUNGE Komorebi」及「DINING Shiki-shima」的休息車廂及餐車，其餘的車輛則皆為客房。當中的7號車是最頂級的「四季島套房」及其次的「豪華套房」，皆以「和」為基調，剩餘的也全是2人「套房」，2、3、4、8、9號車分別配置各3間客房。

全車以豪華客車編組而成，就連外觀也相當有品味

前頭車的展望室「VIEW TERRACE Ibuki」

7號車的豪華套房

客房2樓能放鬆休憩的空間

「TRAIN SUITE 四季島號」車廂編組

1號車	2號車	3號車	4號車	5號車	6號車	7號車	8號車	9號車	10號車
VIEW TERRACE Kizashi	套房	套房	套房	LOUNGE Komorebi	DINING Shiki-shima	四季島套房／豪華套房	套房	套房	VIEW TERRACE Ibuki

231系 La Malle de Bois　JR西日本

「La Malle de Bois」車廂編組

1號車	2號車
綠色車廂	綠色車廂
指定席	指定席

能從岡山前往近郊觀光景點的觀光列車

「La Malle de Bois列車」是JR西日本岡山支社以「旅行百寶箱」為概念，自2016年春季開始運行的觀光列車，營運日雖然會依季節有所不同，但週末及假日會分別投入岡山來回宇野或松山的「La Malle瀨戶內號」（ラ・マルせとうち）、來回尾道的「La Malle島波號」（ラ・マルしまなみ），以及來回琴平的「La Malle琴平號」（ラ・マルことひら）。車內配置3人座，相鄰的2人座為可躺式座椅，1人座則為吧檯席。「La Malle de Bois列車」還能將自行車帶入車內，以便享受下車後的騎乘時光。車內不僅售有當地特產的包包、飲品、點心、別針徽章、馬口鐵製列車模型等商品，還可獲得乘車紀念證明。

外觀看起來相當不起眼，但車內可是極為豪華的綠色車廂規格

485系 NO.DO.KA　JR東日本

可享受卡拉OK的團體專用列車

「NO.DO.KA」是JR東日本新潟支社負責營運的團體列車，採3節編組。前身為1990年便開始運行，名為「Sylphide」（シルフィード）的歐式愉快列車，這也是首台以485系改造而成的車輛。

1、3號車前方的駕駛室位於2樓，1樓設有附沙發的展望休憩區。每節車廂皆備有液晶螢幕及卡拉OK機。

「NO.DO.KA」已於2018年退役。

「NO.DO.KA」車廂編組

1號車	2號車	3號車
休憩區 指定席	指定席	指定席 休憩區

前頭車的駕駛室位於2樓，1樓設有休憩區

485系

「Kirakira羽越號」車廂編組

1號車	2號車	3號車	4號車
指定席	閃耀休息室	指定席	指定席

Kirakira 羽越號　JR東日本

能欣賞日本海壯闊風光的快速列車

「Kirakira羽越號」（きらきらうえつ）是與「NO.DO.KA」同樣隸屬JR東日本新潟支社的愉快列車，同時也是投入新潟～酒田或秋田之間的快速列車。主要運行於週五、週末及假日，每天1往返班次，於2001年11月正式亮相。

列車採4節編組，2號車是名為「閃耀休息室」的休憩車廂。剩餘3節車廂則為4人座配置，採可躺式座椅，有著等同綠色車廂的舒適度。車廂內部的天花板及地板都比一般車廂高，再加上大型車窗設計，能充分享受日本海的壯闊海景。前頭車亦設有簡易的展望空間。

「Kirakira羽越號」於週六假日等時段行駛於新潟～酒田、秋田間

485系

Resort Express Yuu JR東日本

全以綠色車廂編組而成的豪華列車

　「Resort Express Yuu」（リゾートエクスプレスゆう）是JR東日本水戶支社負責營運的臨時、團體列車，採6節車廂編組，是全部皆為綠色車廂的豪華列車。1991年登場，接著在1998年改造成座敷列車（譯註：客廳式設計的車廂）。

　1號及6號車前方設有相當於2層樓高的「全景休憩區」。4號車為高層式設計，設有舞廳以及能自由使用的「圓頂屋座席」。除4號車外的座席車廂皆備有卡拉OK機。

「Resort Express Yuu」車廂編組

1號車	2號車	3號車	4號車	5號車	6號車
綠色車廂	綠色車廂	綠色車廂	綠色車廂	綠色車廂	綠色車廂
展望室	指定席	指定席	指定席	圓頂屋座席等	指定席	展望室

全部皆為綠色車廂的座敷列車

485系

宴號 JR東日本

全以綠色車廂編組而成的豪華列車

　「宴號」是在1994年登場的團體列車，6節車輛全採用綠色車廂等級的座位。與「華號」列車同樣隸屬高崎車輛基地，主要運行關東一帶。屬座敷列車，撤掉部分座位後，挖洞做成暖桌型式，脫鞋後可直接往其他車廂移動。從1號車開始分別命名為「いこい」、「ろばた」、「はなやぎ」、「にぎわい」、「ほほえみ」、「へいあん」，是以「能在車內舉辦宴會」為構想的列車。

「宴號」車廂編組

1號車	2號車	3號車	4號車	5號車	6號車
綠色車廂	綠色車廂	綠色車廂	綠色車廂	綠色車廂	綠色車廂
いこい	ろばた	はなやぎ	にぎわい	ほほえみ	へいあん

外觀十分獨特，全車皆為綠色車廂的座敷列車

485系

華號 JR東日本

與「宴號」為姊妹關係的座敷列車

　「華號」是與「宴號」同屬高崎車輛基地的座敷列車，編組也同為6節，全車皆屬綠色車廂等級。1997年起開始營運，列車本身所設定的概念為「使心靈緩和，提供享受空間」，因此也設計了符合其概念的內裝。駕駛席後方設有高出一截，可自由使用的展望室。所有車廂皆備有卡拉OK機。

「華號」車廂編組

1號車	2號車	3號車	4號車	5號車	6號車
綠色車廂	綠色車廂	綠色車廂	綠色車廂	綠色車廂	綠色車廂
展望室	指定席	指定席	指定席	指定席	指定席	展望室

與「宴號」為姊妹關係，全車皆為綠色車廂的座敷列車

485系

吉龐號 JR東日本

宣傳岩手縣的觀光列車

　「吉龐號」（ジパング）為4節編組的臨時列車，是盛岡支社為了2012年4～6月舉辦的「岩手目的地觀光推廣活動」所生產，全車皆為普通車廂。1、4號車的駕駛席後方設有展望室，末端的連廊設有LED導光板與液晶螢幕，欣賞世界文化遺產「平泉」的宣傳影片「現代與平安時代」。座位則為2＋2的4排座。

「吉龐號」車廂編組

1號車	2號車	3號車	4號車
普通車	普通車	普通車	普通車
展望室	自由席	自由席	自由席	展望室

僅駛於岩手縣內的觀光列車

485系

Resort 山鳥號 JR 東日本

JR東日本所推出的關東套裝旅行

「Resort山鳥號」（リゾートやまどり）是為了配合2011年7月～9月舉辦的「群馬目的地觀光推廣活動」，高崎支社投入運行的列車。採6節編組，除了3人座的普通座位車廂外，1號車與6號車還設有展望室，另還有兒童遊戲間及會議室「和」。此列車以「高級的日本風格空間」為設計主軸，座位採1＋2的3排座，相當於綠色車廂的座位配置令人感到放鬆。

「Resort山鳥號」會以吾妻線沿線為中心，搭配關東一帶的觀光景點與溫泉勝地，編排成當天來回或2天1夜的套裝行程。

「Resort山鳥號」車廂編組

1號車	2號車	3號車	4號車	5號車	6號車
普通車	普通車	普通車	普通車	普通車	普通車
展望室 指定席	展望室 ①	指定席	指定席 ②	指定席	指定席 展望室

①兒童遊戲間 ②會議室「和」

485系

彩號 JR 東日本

特色在於能感受信州自然風情的搭配

「彩號」是隸屬長野支社，自2007年開始營運的愉快列車。全車皆為綠色車廂，採6節編組，車體的整體設計雖然相同，但車內配色相異，且內裝各有不同。整台列車的搭配營造出信州的自然風情。「彩號」雖是團體列車，卻也曾作為臨時快速列車使用。已於2017年9月退役。

「彩號」車廂編組

1號車	2號車	3號車	4號車	5號車	6號車
綠色車廂	綠色車廂	綠色車廂	綠色車廂	綠色車廂	綠色車廂
展望室 指定席	指定席	指定席	指定席 ① ②	指定席	指定席

①圓頂屋座席 ②舞廳

外觀十分獨特，全車皆為綠色車廂的座敷列車

前照燈的造型看起來就像貓眼

651系 伊豆（IZU）CRAILE號 JR 東日本

享受伊豆風景與佳餚

「伊豆（IZU）CRAILE號」是JR東日本橫濱支社運行的臨時快速電車，大多會在週六與週日行駛於小田原～伊豆急下田之間，自2016年7月16日投入營運。採4節編組，全車皆為綠色車廂。1號車設有面海的吧檯席與面山的座位，2號車附設吧檯及休息室，3號車為包廂座位，4號車的座位則為4人座配置。「CRAILE」是由義大利語及英語組成的詞彙，意思為「適合大人的列車」。

「伊豆（IZU）CRAILE號」車廂編組

1號車	2號車	3號車	4號車
綠色車廂	綠色車廂	綠色車廂	綠色車廂
吧檯・座位	※	包廂	座位

※吧檯＆休息室

相當符合觀光列車的設計，任誰都能搭乘享受的臨時快速列車

E655系 和號 JR東日本

身兼御召列車的愉快列車

雖說愉快列車班次繁多，但卻沒有像「和號」如此有特色的列車。會這麼說，是因為「和號」的3號及4號車之間設有皇室專用特別車廂。由於過去御召列車所使用的車廂已經老舊，因此特別新製此車廂，非皇室利用時，會拆掉特別車廂，以5節編組作為團體、臨時列車「和號」運行。

2007年11月23日開始運行，全車皆為綠色車廂。順帶一提，「和號」是在2008年11月2日首次作為御召列車使用，車籍隸屬尾久車輛基地。

車內色調沉穩

E665系作為團體列車「和號」使用時，採5節編組，駛於東海道本線上

719系 FruiTea 福島號 JR東日本

能品嘗到福島縣自豪的水果滋味

「FruiTea福島號」（フルーティアふくしま）是JR東日本為了配合2015年4月～7月舉辦的「福島目的地觀光推廣活動」，由仙台支社投入的愉快列車，會以臨時列車的方式，在週六假日與普通列車併結，行駛於郡山～仙台、郡山～會津若松之間。

列車採2節編組，1號車為咖啡吧檯，是完全沒有配置訂票座位的供餐車廂，2號車則為包廂，因此「FruiTea福島號」又被稱為「會跑的餐廳」。列車名的「FruiTea」是以「Fruit」及「Tea」所組成的造詞，如同其名，乘客能在車上品嘗到以福島縣產水果所製成的甜點及飲料。

「FruiTea福島號」雖能自走，但一般會與普通列車併結行駛

氣動車

キハ58系 Kenji 號 JR東日本

源自於宮澤賢治的暱稱

「Kenji 號」是 JR 東日本盛岡支社所有的團體用列車，為配合 1992 年舉辦的「三陸・海之博覽會」投入營運，採 3 節車廂編組。「Kenji 號」雖為團體專用，但也可作為臨時快速列車運行。全車皆為綠色車廂。

值得一提的是，列車暱稱則是源自於岩手縣出身的童話作家及詩人 —— 宮澤賢治。

前頭車的前方是由 6 片玻璃組成，前半部設有展望室。2 號車為 4 排座，但也設有名為「交誼廳」的 3 排座自由空間。

「Kenji 號」車廂編組

1號車	2號車	3號車
綠色車廂	綠色車廂	綠色車廂
① 座位 ①	② 座位 ②	座位 ③

①、③展望室　②交誼廳

讓人聯想到三陸之海，鮮豔塗裝的團體、臨時列車

キハ32型 海洋堂 Hobby 列車 JR四國

迎接著乘客的滑稽河童人偶

「海洋堂 Hobby 列車」車廂編組

1號車
普通車 自由席

「海洋堂 Hobby 列車」（海洋堂ホビートレイン）於 2011 年 7 月登場，由總公司設於大阪的人偶公司海洋堂所推出，1 列次往返予土線宇和島和江川崎。僅 1 節的車廂中，展示有海洋堂的商品；雖屬普通列車，卻擁有強烈的觀光列車元素。由於列車的設計概念為「河童的世界」，因此車內設有 2 尊河童親子人偶。

雖是駛於予土線的普通列車，但車廂內外的塗裝與裝飾皆相當獨特

キハ32型 鐵道 Hobby 列車 JR四國

「鐵道 Hobby 列車」車廂編組

1號車
普通車 自由席

「鐵道 Hobby 列車」（鉄道ホビートレイン）單側的前頭處形狀，就像是過去活躍於東海新幹線的 0 系車款。車內不僅是比照當時的座位配置，車廂角落的展示櫃更擺放了鐵道模型，是於 2014 年 3 月登場的列車。與「海洋堂 Hobby 列車」皆採 1 節編組，是每天 2 列次往返於予土線宇和島～窪川、1 列次往返於宇和島～近永之間的普通列車。

仿造如今已不復見的東海道新幹線 0 系外觀，相當有趣

キクハ32型 瀨戶大橋麵包超人小火車　JR 四國

能從車上遙望瀨戶內海的超級美景

「瀨戶大橋麵包超人小火車」（瀨戶大橋アンパンマントロッコ）是自2006年10月6日起設定的臨時列車，由キロ185型及キクハ32型2節編組而成。其中的キクハ32型更改造成小火車（トロッコ）。列車主要於週六假日、春假、暑假等期間，每天各1列次往返於岡山～琴平、岡山～高松之間。車身描繪有出身四國的漫畫家柳瀨嵩老師原著的《麵包超人》中的角色們，不只小孩，大人也能樂在其中。

搭車時，除車資外，須額外支付綠色車廂指定席費用。

出現在《麵包超人》中的角色們躍動於列車上

小火車車廂內設有可與麵包超人合照的區域

椅背靠近走道處可以看見麵包超人及伙伴們

「瀨戶大橋麵包超人小火車」車廂編組

1號車	2號車
小火車	綠色車廂 指定席

キハ40系 Resort 白神號 黑啄木鳥 JR 東日本

駛於五能線的 Resort 快速列車

「Resort 白神號　黑啄木鳥」（リゾートしらかみ　くまげら）是繼「青池」、「樅」後，於2006年3月18日登場的第三代「Resort 白神號」。列車的暱稱是源自棲息於已登錄世界遺產，白神山地的黑啄木鳥。車內座位同樣以黑啄木鳥的紅色作設計發揮，充滿著一股沉靜氛圍；車身則是塗裝有以五能線夕陽為意象的黃橘漸層。列車由秋田支社投入營運。

「Resort 白神號　黑啄木鳥」車廂編組

1號車	2號車	3號車	4號車
普通車	普通車	普通車	普通車
指定席	包廂座位	指定席	指定席

以沉入日本海的夕陽為意象的車身外觀

キハ40系 CRUISING TRAIN JR 東日本

與「白神三兄弟」一同駛於 人氣五能線上的臨時快速列車

「CRUISING TRAIN」主要行駛於觀光路線中，人氣極高的五能線上，屬 Resort 快速列車。是將人稱「白神三兄弟」的「Resort 白神號　青池」、「Resort 白神號　樅」、「Resort 白神號　黑啄木鳥」中的「青池」列車車輛於2011年更改成混合動力車款 HB-E300系後，新設定的名稱。採2節編組，以臨時或團體列車的方式活躍於東北各地，由 JR 東日本秋田支社負責營運。

「CRUISING TRAIN」車廂編組

1號車	2號車
普通車	普通車
指定席	指定席

與「白神三兄弟」一同駛於五能線

キハ40系 Resort 黑尾鷗號 JR 東日本

週六假日行駛於八戶線的觀光列車

「Resort 黑尾鷗號」（リゾートうみねこ）是由 JR 東日本盛岡支社負責營運，駛於八戶線的愉快列車，自東日本大地震發生不久的2011年4月開始運行。列車名稱源自於棲息在沿線上，名為蕪島的黑尾鷗。「Resort 黑尾鷗號」是週六假日行駛於八戶～久慈之間的普通列車。1號車為3人座，可旋轉座椅朝向海面，頭尾兩端設有展望席；4人座的2號車則設有活動區。

「Resort 黑尾鷗號」車廂編組

1號車	2號車	3號車
普通車	普通車	普通車
① 指定席 ②	② 指定席	指定席 ①

①展望席 ②活動區

能享受八戶線壯闊海景的列車

キハ40系 View Coaster Kazekko JR 東日本

駛於仙台、山形的列車

「View Coaster Kazekko」（びゅうコースター風っこ）是自2000年6月開始營運的臨時列車，主要行駛於仙台、山形區域。採2節編組，全列車皆為4排座，但面對面的座位及桌子皆以木頭打造。夏季還會卸下玻璃車窗，讓外面的風吹拂入內，使乘客能感受到開放的氛圍。此列車由JR東日本仙台支社負責營運。

「View Coaster Kazekko」車廂編組

1號車	2號車
普通車	普通車
指定席	指定席

與普通列車併結運行的「View Coaster Kazekko」

キハ40系 Resort 實號 JR 東日本

駛於陸羽東線的臨時列車

「Resort實號」（リゾートみのり）是配合2008年10月起為期3個月的「仙台、宮城目的地觀光推廣活動」所投入之臨時快速列車。主要行駛陸羽東線，會在週六與假日出動。列車以沿線的稻穗、溫泉、紅葉等秋季產物為意象，因此取名為「實」。全車為指定席，1、3號車前處設有展望空間，2號車則有活動空間。由JR東日本仙台支社負責營運。

「Resort實號」車廂編組

1號車	2號車	3號車
普通車	普通車	普通車
① 指定席	② 指定席	指定席 ③

①展望空間 ②活動空間

車輛塗裝是以陸羽東線的秋天為概念

キハ40系 越乃Shu*Kura 號 JR 東日本

駛於越後的臨時列車

配合新潟縣的觀光推廣活動，由JR東日本新潟支社投入的列車。採3節編組，屬於臨時的觀光快速列車，於每週五、六及假日出動。列車名稱的「越」是指新潟，「Shu」是指酒，「*」是象徵新潟的「米、雪、花」，「Kura」則是指倉庫。列車皆從上越妙高出發，依路線可分為前往十日町的「越乃Shu*Kura號」、越後湯澤的「湯澤Shu*Kura號」以及新潟的「柳都Shu*Kura號」。

「越乃Shu*Kura號」車廂編組

1號車	2號車	3號車
普通車	普通車	普通車
① ②	③ ④	指定席 ⑤

①舒適包廂座席 ②展望雙人座席
③服務吧檯 ④活動空間 ⑤自由空間

能感受越後路魅力及愉快氛圍的臨時快速列車

キハ40系 花嫁暖簾號 JR西日本

充分感受石川縣「和」與「美」的列車

列車的暱稱「花嫁暖簾」（花嫁のれん）其實源自於加賀、能登地區的風俗習慣，是指愛女嫁妝中的門簾。「花嫁暖簾號」雖是行駛於金澤～和倉溫泉的觀光列車，但車廂以「集結和與美的待客精神」為概念，內裝設計精湛。列車由2節車廂編組，1號車設有

8個不同主題的半開放式包廂；走道帶有彎度，是以日式庭園的飛石為意象所打造。2號車設有活動區，可舉辦「樂市樂座」（譯註：推廣在地傳統藝術及當地特產試吃、銷售會等活動）。

2號車的走道設計以飛石為意象

外觀象徵著加賀、能登的傳統

キハ40系 瀨戶內海洋景觀列車 JR西日本

能欣賞吳線海景的觀光列車

「瀨戶內海洋景觀列車」（瀨戶內マリンビュー）是JR西日本廣島支社於2005年10月1日投入營運的2節編組臨時快速列車，經吳線連接起廣島～三原。2節車廂中的1號車為指定席，2號車則

為自由席。車內裝有圓形車窗，列車設計讓人覺得猶如置身於船艙中，以搭乘客船的心情，遙望著載浮於瀨戶內海中的島嶼。1號車的指定席為沙發座椅，相當舒適寬敞。

能夠飽覽瀨戶內海風光的吳線臨時快速列車

キハ40系　JR西日本

「Maru Maru No Hanashi」車廂編組（一例）

1號車	2號車
普通車	普通車
指定席	指定席

Maru Maru No Hanashi

欣賞響灘及日本海風光的臨時快速列車

「Maru Maru No Hanashi」（○○のはなし）這樣的暱稱實在令人覺得新奇。此列車是JR西日本廣島支社為了配合2017年9月～12月舉辦的「幕末維新山口目的地觀光推廣活動」，投入山口縣山陰本線的車輛，同時也是行駛於東萩～長門市～新下關的快速列車。採2節編組，1號車以「和」為意象，採面對面的座椅配置。木頭質地的沉穩色調令人感到舒爽。列車暱稱中「はなし」的「は」是指「荻」（はぎ）、「な」是指「長門」（ながと）、「し」是指「下關」（しものせき），於週六假日出動行駛，是能夠欣賞到響灘及日本海風光的快速列車。

1號車與2號車的內裝分別以「和」及「洋」為意象

キハ40系　JR西日本

「Belles montagnes et mer」車廂編組

1號車
普通車
指定席

Belles montagnes et mer

駛於山（城端線）海（冰見線）間的觀光列車

「Belles montagnes et mer」是JR西日本金澤支社在2015年10月10日投入營運，行駛於富山縣城端線及冰見線的臨時快速列車，暱稱為「BE-RU-MON-DA」。列車名為法語，意指「美麗的山與海」，會取此名是因為列車行駛在山線的城端線與海線的冰見線上。以高岡站為起點，分為行駛城端線的列車和行駛冰見線的列車，但並未設定直通2路線的班次。「Belles montagnes et mer」為單節列車，車內裝置有南礪市傳統工藝的「井波雕刻」。

駛於城端線及冰見線的臨時列車，車內裝飾在地的井波雕刻

キハ40系　JR西日本

「天空之城竹田城跡號」車廂編組

1號車
普通車
自由席

天空之城竹田城跡號

前進竹田城遺址的觀光列車

「天空之城竹田城跡號」（天空の城竹田城跡）是從山陰本線城崎溫泉，經福知山駛往播但線寺前的臨時快速列車，從2017年3月20日開始運行，僅1節車廂。會取名「天空之城」，是因為此列車行駛於位處寺前的竹田城遺址山腳下。車輛外觀大膽地以竹田城跡為裝飾，喚起人們旅行途中的情懷。此列車只在週六假日運行，能令旅客一飽旅遊之樂，全車皆為自由席亦是令人滿意之處。車內地板為木頭材質，配置有2排座及面朝車窗的座席。由JR西日本福知山支社負責營運。

車身大膽描繪竹田城跡

キハ40系　JR西日本

「Nostalgie Train」車廂編組

1號車	2號車	3號車
普通車	普通車	普通車
自由席	自由席	指定席

Nostalgie Train

復古裝潢令人無比懷念的觀光列車

「Nostalgie Train」是投入岡山縣美作地區的臨時列車。以岡山為起點，沿著津山線、姬新線運行。雖然不是特別運行的車輛，卻會依不同季節介紹在地的美景與美食，是令旅客滿懷旅行回憶的列車。近年還有推出「津山夜櫻列車」、「美作國地酒列車」等。車廂會依情況採2節或3節編組。

此列車最為人津津樂道處莫過於外裝與內裝。車身塗有舊國鐵色的米色搭橘色，座椅及椅背皆使用藍色絨布，喚起人們的鄉愁。由JR西日本岡山支社負責營運。

米色配橘色的舊國鐵塗色能夠喚起人們的鄉愁

キハ40系 伊予灘物語號 JR 四國

邊眺望伊予灘海景，邊享用精心製作的料理

「伊予灘物語號」（伊予灘ものがたり）是2014年7月26日開始營運，JR四國的首輛觀光列車。總共投入4班列車，分別是以松山為起點，駛往伊予大洲的「大洲篇」、返回車次的「雙海篇」，以及以松山為起點，駛往八幡濱的「八幡濱篇」、返回車次的「道後篇」。

外觀塗色是以夕陽和愛媛名產柑橘為意象，車內配置面對面的4人座以及面海座位。列車採2節編組，1號車以「和」為意象，2號車則採復古摩登風格。全車皆為綠色車廂。4班列車皆提供特色料理。

一邊眺望伊予灘一邊享用的料理可是格外美味。

鮮豔的顏色靈感來自於沉入瀨戶內海的夕陽及愛媛的名產橘子

キハ40系 ARU RESSHA JR 九州

就像成為公主般的超豪華列車

「ARU RESSHA」（或る列車）用一個詞來形容，就是極為豪華的2節編組觀光列車。JR九州前身的國鐵，再更之前為九州鐵道，曾於1906年向美國J.G. Brill Company下單訂製「九州鐵道Brill列車」，這輛列車又暱稱「ARU RESSHA」，而JR九州正是重現當年的這輛列車。車輛外觀以金色打底，搭配黑色，並裝飾有唐草紋樣。1號車內的天花板採方格的設計，並配置面對面的座席；2號

車則全為面對面式的包廂座席。此外，列車亦提供以輕食作為開胃的甜點套餐。價格自然想必不斐，卻能享受片刻的王子＆公主時光。

列車可分為連接大分與日田的「大分路線」，以及連接佐世保與長崎的「長崎路線」。有時也設有其他路線，會視情況提前公布行駛日期。

車廂內豪華至極，能夠盡情沉浸在奢侈的氛圍中

金色的上半身，搭配黑底金色唐草紋樣的下半車，從外觀就能想像車內的豪華程度

87系 瑞風號 JR西日本

JR西日本自信之作的寢台列車

　　「瑞風號」是自2017年6月17日起開始運行的全新寢台列車，同時也是JR西日本繼營運26年以來的寢台列車「曙光特快號」之後，投入的後繼列車。車輛以「復古＆摩登」為設計概念，無論是外觀或內部，皆充滿既懷舊，卻又新穎的色調及設備。車身採深綠色塗裝，前頭車展現出前所未見的嶄新風貌。

　　列車採10節編組，1號車與10號車為展望車廂，2、3、8、9號車為「皇家雙人房」，4號車為「皇家雙人房」（無障礙空間）

與「皇家單人房」，7號整節車廂則是名為「THE SUITE」的客房，6號車為餐車「DINER Pleiades」，5號車則為休息交流車廂「SALON DE L'OUEST」。

　　套裝行程可分為三天兩夜周遊中國地區的「山陽、山陰路線」、兩天一夜單趟（山陽路線、山陰路線各為上行班次與下行班次），以及三天兩夜周遊的行程搭配，每天還會安排停靠一次沿途的觀光景點。

「瑞風號」與JR東日本的「四季島號」、JR九州的「九州七星號」並列日本三大豪華列車。深綠色調呈現沉穩氛圍

前頭車設有展望席，曲面玻璃延伸至天花板，眺望視野極佳

整節都是個人包廂的皇家單人房

「瑞風號」車廂編組

10號車	9號車	8號車	7號車	6號車	5號車	4號車	3號車	2號車	1號車
展望車廂	皇家雙人房	皇家雙人房	THE SUITE	餐車	休息交流車廂	皇家單人房/皇家雙人房	皇家雙人房	皇家雙人房	展望車廂

キハ100系　POKÉMON with YOU 列車

「POKÉMON with YOU列車」車廂編組	
1號車	2號車
普通車	普通車
指定席 ①	指定席 ②

①交流座席車廂
②遊戲車廂

能與人氣角色「皮卡丘」共樂的觀光列車　JR東日本

「POKÉMON with YOU列車」是JR東日本仙台支社在2012年12月12日，投入氣仙沼線運行的觀光列車，當時的名稱為「POKÉMON with YOU 氣仙沼號」。其後，週六假日及暑假期間都會出動，除了行駛於釜石線、左澤線等東北各線外，亦曾前進水郡線、常磐線等，相當受到孩童們的歡迎。「POKÉMON with YOU列車」正如同其暱稱，是車身、車內充滿人氣角色皮卡丘的車輛。採2節編組，1號車為指定席（須購買指定券），2號車為遊戲車廂。

外觀前方裝飾著皮卡丘，是孩童們會不自覺發出歡呼聲的愉快列車

キハ110系　JR東日本　東北（TOHOKU）EMOTION 號

「東北（TOHOKU）EMOTION號」車廂編組		
1號車	2號車	3號車
包廂個室	實況廚房區	開放式餐廳

邊欣賞八戶線海景邊大啖美味

「東北（TOHOKU）EMOTION號」又名為「東北餐廳鐵道」，車如其名，是能享用餐點的列車。名稱中的「EMOTION」代表著「感動」與「感激」。每年約出動150天，在適合外出旅遊的週五、週六及假日行駛於八戶線的八戶～久慈之間，是自2013年10月19日開始營運，全新型態的愉快列車。

列車採3節編組，1號車為包廂個室、2號車為廚房、3號車為餐車。眺望八戶線海景的同時還能於去程享受午餐、回程品嘗甜點。

以享受美食為概念的臨時列車，當然還能飽覽八戶線的沿線風光

キハ110系　Oykot 號　JR東日本

「Oykot號」車廂編組	
1號車	2號車
普通車	普通車
指定席	指定席

沿著千曲川、信濃川體會飯山線鄉愁

「Oykot號」（おいこっと）是行駛於飯山線的觀光列車。採2節編組，運行於長野及十日町之間。為了表達此路線與東京的位置完全相反，因此將「Tokyo」倒過來，取了個名為「Oykot」的暱稱，並將飯山線定位成「代表著日本人心靈故鄉的在地路線」。列車外觀採用會喚起人們心中鄉愁的設計，內部配置縱向長椅及4人座包廂座席，1號車則設有活動空間。是由JR東日本長野支社主要於週六假日投入營運的快速列車。

沿著千曲川、信濃川行駛，飽覽飯山線的在地風光

キハ100系、110系　HIGH RAIL 1375　JR東日本

「HIGH RAIL 1375」車廂編組	
1號車	2號車
普通車	普通車
指定席 ①	指定席

①交流座席車廂

行駛於日本鐵道最高點小海線

暱稱中的「1375」是指1375m，也就是小海線接近野邊山附近時，日本鐵道最高點的海拔高度。如同其暱稱，「HIGH RAIL 1375」是行駛於小海線，由JR東日本長野支社負責營運的臨時觀光列車。採2節編組，全車皆為指定席，除車票外，還須購買指定券。

1號車有配置2個4人包廂席以及面窗座位，亦設有銷售櫃台。最精彩的部分則是在2號車，除了有活動靠背座椅，更設有名為「HIGH RAIL展廊」的半球型造景空間，能夠欣賞上方的星空投影。

設有迷你天象儀，行駛於日本最高點的臨時觀光列車

キハ183系 水晶特急號 JR 北海道

連接札幌與十勝的特急列車

「水晶特急號」（クリスタルエクスプレス）是連接札幌與新得、Tomamu、富良野這些度假勝地的臨時特急列車，自1989年開始營運。採4節編組，1、4號車採高層式設計，駕駛席位於2樓。2號車的地面也相對較高，又名為圓頂車（Dome Car）。3號車為雙層車廂，2樓為4人座自由席，1樓則為3間綠色車廂等級的個人房。2樓與1樓皆設有休息室。

| | 3號車
普通車
自由席 | | 「水晶特急號」車廂編組 | |
4號車		2號車	1號車
普通車	綠色車廂	普通車	普通車
自由席	個室	指定席	指定席

←札幌　　新得、Tomamu、富良野→

馳騁在北國大地的臨時列車，3號車為雙層設計

キハ183系 北方彩虹特急號 JR 北海道

以札幌為起點，駛往北海道各地的臨時特急列車

「北方彩虹特急號」（ノースレインボーエクスプレス）自1989年開始營運，採5節編組，列車頭尾的2樓設有駕駛座。車窗下方的顏色分別是1號車的薰衣草色、2號車的藍色、3號車的淡綠色、4號車的橘色，以及5號車的粉色色帶。3號車採雙層設計，座位設於2樓，1樓則作為休息室及餐車。

| | | 3號車
普通車
自由席 | 「北方彩虹特急號」車廂編組 | |
5號車	4號車		2號車	1號車
普通車	普通車	普通車	普通車	普通車
自由席	自由席	餐車	自由席	自由席

←札幌　　①休息室、餐車　　道內各地→
※依運行情況，座位可能會更改成指定席

5節編組的臨時特急列車，雙層設計的3號車1樓設有休息室

キハ183系 旭山動物園號 JR 北海道

駛往人氣動物園的歡樂列車

「旭山動物園號」自2007年4月開始營運，車中設有能了解動物自然生態的展示，也導入行動展示，負責將旅客載往旭山動物園，是相當受歡迎的愉快列車。列車採5節編組，車身配合不同主題，有著大面積的動物彩繪。車內的椅背套及洗手台的鏡子不僅以動物作裝飾，更設有自由空間，處處皆是迎合孩童們喜好的設計。1號車名為「熱帶草原號」、2號車為「熱帶叢林號」、3號車為「北海道大地號」、4號車為「鳥群天空號」、5號車為「極寒銀白世界號」。過去雖為固定列車，目前則改為臨時車運行。（譯註：該列車已於2018年3月底停駛）

「旭山動物園號」車廂編組

5號車	4號車	3號車	2號車	1號車
普通車	普通車	普通車	普通車	普通車
指定席	指定席	指定席	指定席	指定席

←札幌　　　　　　　　　旭川→

5節車輛全是各種動物彩繪

キハ185系 四國正中千年物語號 JR 四國

充分感受四國歷史與溪谷之美的臨時暨團體列車

「四國正中千年物語號」（四国まんなか千年ものがたり）是2017年4月1日誕生的豪華觀光列車，連接起擁有豐富歷史，以及溪谷之美屈指可數的土讚線多度津與大步危。3節車廂中，1號車名為「春萌之章」、2號車名為「夏清之章」及「冬清之章」、3號車則名為「秋彩之章」。由於當地在女兒節時有著去野外或山區「遊山」的習俗，因此以「大人遊山行」為概念打造了此列車。全車皆為綠色車廂，同時以充滿日式風味的「日本風貌」為主題，為每節車廂置入各具特色的內裝及座位。

乘客們還能於車內享受以在地食材製成的豪華料理。

「四國正中千年物語號」除了在週五、週六及假日出動，每年運行約120天外，亦提供團體包車服務。

「四國正中千年物語號」是此列車的總稱，但下行列車與上行列車又分別名為「天空之鄉紀行號」（そらの郷紀行）與「幸福之鄉紀行號」（しあわせの郷紀行）。總稱的「正中」，是指列車幾乎行駛於四國的正中央；而「千年」是指行駛過程中，就會想起沿線已超過千年，充滿歷史性的文化及景觀。

JR四國自信之作的豪華觀光列車，能夠邊享用豐盛料理，邊欣賞吉野川上流的溪谷之美

舒適地靠著椅背，品嘗鄉土料理別有一番風味

2號車設有長椅沙發

「四國正中千年物語號」車廂編組

3號車	2號車	1號車
綠色車廂	綠色車廂	綠色車廂
指定席	指定席	指定席

←多度津　　　　　大步危→

キハ185系 ISLAND EXPRESS 四國 II 號

歷史可追溯至國鐵時代的愉快列車　JR 四國

「ISLAND EXPRESS四國II號」（アイランドエクスプレス四国II）是自國鐵時代的1987年4月登場，營運至1999年5月的「ISLAND EXPRESS四國號」後繼列車，於隔年5月開始投入運行。第一代採用50系客車，需要機車牽引行駛，II號則改為キハ185系，可獨自運行。雖說當初採4節編組，但目前已改成1節綠色車廂，並與固定的特急列車併結運行，屬團體用車。

2017年5月30日也曾與其他的キハ185系連結，作為「土讚線悠閒紀行號」（土讚線のんびり紀行），行駛於高松～高知。

併結入固定的特急列車中。照片雖為4節，但目前已改成3節編組

キハ185系 悠悠號麵包超人車　JR 四國

車內外滿是麵包超人人物的觀光列車

JR四國會將名為「麵包超人車」的車輛，連接予讚線或土讚線的特急列車共同運行，其中最有吸引力的，就屬這輛「悠悠號麵包超人車」（ゆうゆうアンパンマンカー）。車輛採1節編組，配置4排座與遊戲室。車如其名，無論是車身側面或車廂內部，滿滿都是麵包超人當中的角色，是能讓孩童們無限歡樂的列車。「悠悠號麵包超人車」會在週六假日、春假、暑假期間，與其他車輛併結，行駛於高德線高松～德島之間，以及德島線、土讚線德島～阿波池田間。

併結入定期特急列車中運行的「悠悠號麵包超人車」

キハ141系　SL銀河號　JR東日本

**搭乘銀河列車前進花卷，
一探宮澤賢治筆下的童話世界**

「SL銀河號」是JR東日本為了支援東日本大地震的重建，於2014年4月12日，由JR東日本盛岡支社投入釜石線的列車。領於前頭的是C58型239號車輛，牽引著4節客車（實際使用的是141系氣動車）行駛。車內重現大正昭和時期，1號車設有「星月博物館＆天象儀」，2、3、4號車則為「宮澤賢治美術展廊」。

2號車是以賢治為主題的圖書館，3號車擺放有賢治在設計上造詣極深的相關展示，4號車則設有賢治身為一名藝術家的介紹專區以及SL美術展廊等，1號車內設置了一台小型天象儀。

SL銀河號主要在週六假日出動，每天1往返班次。此外，搭乘除了車票外，還須購買指定券。

「SL銀河號」車廂編組

	1號車	2號車	3號車	4號車
蒸汽機車	普通車	普通車	普通車	普通車
C58型239號	指定席①	指定席②	指定席③	指定席④

①星月博物館＆天象儀　②宮澤賢治美術展廊＆圖書館　③宮澤賢治美術展廊＆「銀河鐵道之夜」美術展廊　④宮澤賢治美術展廊＆SL美術展廊

1號車設有天象儀

能映照出漂亮星座

整輛列車充滿出生岩手的童話作家＆詩人‧宮澤賢治的世界

キハ400系　座敷列車　JR北海道

作為臨時列車運用的團體列車

「座敷列車」（お座敷列車）是JR北海道臨時運用在北海道各路線的團體列車，有時也會與快速列車併結運行。車內配置1＋2

人面對面的座椅及包廂式座椅，兩者皆比走道高出一截，屬榻榻米式座位。

「座敷列車」車廂編組

3號車	2號車	1號車
普通車	普通車	普通車
指定席	指定席	指定席

從外觀很難想像車內竟然是榻榻米式的座位

客車

12系 SL磐越物語號 JR東日本

JR東日本負責營運的SL列車

「SL磐越物語號」是1999年4月29日開始營運，由蒸汽機車牽引的觀光列車。引領在前頭的是人稱「貴婦人」的C57型180號機車，端正的外型令人印象格外深刻。

客車採7節編組，2、3、5、6號車為普通車廂的指定席。1號車端部設有展望室，後側則是名為「白鼬室」的孩童遊憩空間。

4號車為展望車，置有乘車紀念章及郵筒。

7號車為配置1＋2人可躺式座椅的綠色車廂，車端連廊處設有全景展望室。

「SL磐越物語號」是由JR東日本新潟支社所投入，連接新潟～會津若松的臨時快速列車，會於週六假日出動，是輛能感受蒸汽機車懷舊及磐越西線美景的觀光列車。

由會津若松發車，下行前往新潟的列車會改變車輛方向。

汽笛及噴煙總讓人覺得懷念

「SL磐越物語號」車廂編組

1號車	2號車	3號車	4號車	5號車	6號車	7號車	蒸汽機車
普通車	普通車	普通車	普通車	普通車	普通車	綠色車廂	
① ②	指定席	指定席	指定席③	指定席	指定席	指定席①	C57型180號

←新潟　①展望室　②白鼬室　③展望室、活動空間　　會津若松→

12系 奧出雲大蛇號 JR西日本

駛於祕境奧出雲地區的觀光列車

「奧出雲大蛇號」是JR西日本米子支社為了提振行駛於中國山區的木次線，所投入的觀光列車，自1998年開始營運。由DE15型2558號柴油機車引領，後頭跟隨著2節12系客車，緩慢地行駛於祕境路線。2節車廂中的其中1節更改造成小火車型式。另1節則是天候不佳時使用的座位車廂。

「奧出雲大蛇號」每週五、六、假日及旺季會天天出動。下行列車行駛於出雲市～備後落合，上行列車則行駛於備後落合～木次之間。

「奧出雲大蛇號」車廂編組

柴油機車	普通車	普通車
DE15型2558號	指定席	指定席①

←備後落合　　出雲市→
①小火車列車

從小火車的車窗享受祕境之旅

14系　Salon Car Naniwa　JR 西日本

愉快列車的始祖

「Salon Car Naniwa」（サロンカーなにわ）是堪稱愉快列車始祖、「Salon Express 東京」（サロンエクスプレス東京）的大阪版列車，於國鐵時代的1983年9月，在 Salon Express 東京問世不久後登場，是由7節綠色車廂組成的團體專用列車。「Salon Express 東京」已在1997年報廢，「Salon Car Naniwa」仍是現役車輛，繼續作為團體專用列車運用。

列車呈歐式風格，前後車廂設有展望室，截至目前為止已進行2次翻修，仍充滿著當年的氣息。

擁有最悠久歷史的愉快列車，屬全車皆為綠色車廂的團體專用列車

「Salon Car Naniwa」車廂編組

	1號車	2號車	3號車	4號車	5號車	6號車	7號車
電力、柴油機車	綠色車廂	綠色車廂	綠色車廂	綠色車廂	綠色車廂	綠色車廂	綠色車廂
	① ②	指定席	指定席	指定席	指定席	指定席	指定席 ①

①展望室 ②休息室

14系　SL 冬季溼原號　JR 北海道

前往已化為雪原的釧路溼原之觀光列車

「SL冬季溼原號」是JR北海道自2000年1月8日起開始運行的觀光列車，如今已成為道東地區冬天不可缺少的風景。

C11型171號蒸汽機車在前頭，引領著5節14系客車行駛。列車從東釧路進入釧網本線，運行於釧路～標茶或川湯溫泉間。運行期間主要為1月至3月的週六和假日。道東地區的冬季十分嚴寒，積雪又多，列車往往行駛在一片純白的釧路溼原中，不過車內設有暖氣，相當溫暖。運氣好的話，乘車時還可以從車窗看見丹頂鶴飛舞之姿。

駛於日本東側的釧網本線，編組有スハシ44型的「SL冬季溼原號」

「SL冬季溼原號」車廂編組

	5號車	4號車	3號車	2號車	1號車	
	普通車	普通車	普通車	普通車	普通車	蒸汽機車
	指定席	指定席	指定席	① 指定席	指定席	C11型171號

←釧路　①咖啡廳　　標茶→

E26系 仙后座號　JR東日本

變身團體專用臨時車輛的豪華寢台列車

「仙后座號」是1999年7月16日誕生的豪華寢台特急列車。

全車皆為雙層設計。12節編組的客車中，除了3號及12號車外，皆為A寢台客房。其中的1號車及2號車更是名為「仙后座雙人房」，整節車廂就是一間客房，附有洗臉台及廁所的雙人用房型。餐廳位於3號車2樓，晚餐供應有豪華的法式料理及懷石料理。12號車的2樓為休息室。

很可惜的是，「仙后座號」的壽命出奇地短。由於北海道新幹線通車後，地面設備更新，導致用來牽引「仙后座號」的機車無法運行新幹線區間，「仙后座號」只好在2016年3月26日正式引退，為16年的歷史劃下句點。

但「仙后座號」並沒有因此退役，目前繼續作為團體專用列車，行駛於JR東日本管轄區域。這也是基於車輛歷史尚短，仍相當耐用的決策考量。

身為「四季島號」的前輩，「仙后座號」是全部以綠色車廂編組而成的豪華列車

列車名稱源自星座的仙后座，這也是沿襲兄長「北斗星號」的命名形式

「仙后座號」車廂編組

1號車	2號車	3號車	4號車	5號車	6號車	7號車	8號車	9號車	10號車	11號車	12號車
		綠色車廂 餐車	綠色車廂 寢台席	綠色車廂 寢台席	綠色車廂 寢台席	綠色車廂 寢台席	綠色車廂 寢台席	綠色車廂 寢台席	綠色車廂 寢台席	綠色車廂 寢台席	休息室
綠色車廂	綠色車廂										
①	②	綠色車廂 包廂	綠色車廂 包廂	綠色車廂 包廂	綠色車廂 包廂	綠色車廂 包廂	綠色車廂 包廂	綠色車廂 包廂	綠色車廂 包廂	綠色車廂 包廂	電力機車

①仙后座套房（附展望室）　②仙后座套房　※4～11號車為仙后座雙人房

35系 SL山口號 JR西日本

重新復刻客車的SL列車始祖

「SL山口號」從國鐵時代的1979年8月1日開始運行，可說是SL觀光列車的始祖，營運已近40年的歷史，運行模式不曾改變，如今仍維持1天1班來回小郡（現在的新山口）及津和野之間。目前由JR西日本廣島支社負責營運管理。

引領在列車前頭的，則是眾人相當熟悉的C57型1號機車。此車輛雖隸屬梅小路運轉區，但長期出借供山口線使用。C57型1號機車雖曾遭遇事故，卻能像不死鳥般再度復活，即便車齡已達80歲，仍相當有元氣地呼吸……不對，應該說是吐煙。

「SL山口號」過去雖然都是使用12系的舊型客車，但考量今後持續營運的需求，於是復刻了舊型客車，製成新車，並命名為35系，是整個充滿復古風的客車。列車採5節編組，1號車為後方設有展望連廊的綠色車廂，2、4、5號為指定席的普通車廂，3號車則為「SL專區」，不僅能學習蒸汽機車的歷史及構造，還設有行駛模擬器及體驗投炭遊戲。使用新製客車的列車自2017年9月2日開始營運，每週六及假日1列次往返運行。

車尾的5號車設有展望連廊。列車使用オロテ35型4001番車輛，令人聯想到戰前至戰後期間行駛於東海道的特急列車

從連廊眺望山口線的景色可說充滿震撼，靠近津和野方向的スハテ35型4001番車輛

看起來就像舊型客車，但其實是復刻版的オハ35型4001番車輛

「SL山口號」車廂編組

	5號車	4號車	3號車	2號車	1號車
綠色車廂	普通車	普通車	普通車	普通車	機車
① 座位	指定席	②	指定席	指定席	C57型1號

←新山口 　　　　　　　　　　　　　　　　　津和野→
①展望連廊 ②SL專區

77系 九州七星號 JR九州

日本史上極盡奢華之最的周遊列車

「九州七星號」（ななつ星in九州）是自2013年10月15日運行的周遊列車。「九州七星號」地位等同JR西日本「四季島號」及「瑞風號」的前輩，是極盡奢華的寢台列車。從博多車站出發後，可選擇二天一夜或四天三夜的周遊九州之旅。77系的客車採全新製作，從天花板到座位、沙發、地板的車廂內採用大量的木質裝潢，打造出沉穩空間。

列車採7節編組，1號車是名為「藍月」的休閒車廂，2號車是美食車廂「木星」，3、4、5、6號車皆為3間附有淋浴及廁所的「套房」，7號車為僅2間的「豪華套房」，可供體驗更特別的旅程，最末端的701號房還能透過大片車窗欣賞沿路景緻，可說是散發上流氛圍，百分之百奢華的列車。列車行程約每半年公布，即便最便宜的行程也要價數十萬日圓，但依舊一票難求。

牽引「九州七星號」的機車亦為專用車輛，是將JR貨物開發的DF200型柴油機車改為JR九州式樣，相當氣派。

1號車作為最尾端車輛運行時，能從「藍月」休閒車廂欣賞到流逝而過的景緻

車身側面鑲有標誌

1號車「藍月」不僅有美麗的窗外景緻，還能欣賞現場演奏

豪華套房A701號房擺放有相當多的裝飾品

「九州七星號」車廂編組

7號車	6號車	5號車	4號車	3號車	2號車	1號車	
2間豪華套房	3間套房	3間套房	3間套房	3間套房	餐車「木星」	休息車廂「藍月」	柴油機車 DF200型/7000號

50系 觀光慢車號 JR 北海道

行駛時能眺望廣闊北海道的觀光列車

「觀光慢車號」（ノロッコ）是1989年6月24日先以「釧路溼原慢車號」（釧路湿原ノロッコ）之名投入釧網本線的觀光列車。

當初是使用1節客車及2節以貨車改造的車輛，但自1998年7月1日起，切換成50系客車的改造車輛。春天至夏天期間就會成為觀光列車，以「釧路溼原慢車號」及「富良野·美瑛慢車號」之名，分別行駛於釧網本線及富良野線。

目前列車為4節編組，前頭由DE10型1660號機車牽引。全車為普通車廂，只有1號車是自由席。其餘3輛皆為小火車型式的指定席，大大的車窗無玻璃阻擋，屬展望車廂。一般於旺季期間的週六假日出動。

能眺望美瑛山丘及薰衣草花田的「富良野·美瑛慢車號」

「釧路溼原慢車號」外觀

「觀光慢車號」車廂編組

4號車	3號車	2號車	1號車	
普通車	普通車	普通車	普通車	機車
指定席	指定席	指定席	自由席	DE10型1660號

50系 SL人吉號 JR 九州

汽笛與噴煙聲響徹球磨川的蒸汽火車

「SL人吉號」是由8620型58654號蒸汽機車負責牽引的觀光列車，行駛於肥薩線八代～人吉間。開始投入營運是在國鐵民營化不久的1988年10月9日。當時的客車裝潢為美式風格，但2009年4月便重新改裝。列車採3節編組，1、3號車為指定席的普通車廂。車廂前端設有展望休憩室。2號車為餐廳，售有輕食、飲料及原創商品。

八代～人吉區段是沿著以急流聞名的球磨川溪谷行駛的名勝路線，汽笛及噴煙聲與溪流相結合，格外引人鄉愁。

1、3號車設有展望休憩室，2號車則為餐廳

「SL人吉號」車廂編組

3號車	2號車	1號車	
普通車	普通車	普通車	機車
①指定席	餐廳	指定席①	8620型58654號

①展望休憩室

217

混合動力車

HB-E300系 Resort 羅漢柏號　JR東日本

「Resort羅漢柏號」車廂編組

2號車	1號車
普通車	普通車
① 指定席	指定席 ①
① 展望室	

駛於本州北邊絕景區間的Resort快速列車

「Resort羅漢柏號」（リゾートあすなろ）是2010年12月4日由盛岡支社開始營運的臨時快速列車，主要在週六假日及春夏連假期間出動。由2節普通車廂編組而成，車內配置4排座，全為指定席。前後兩端的駕駛座後方設有展望室，能舒適地欣賞窗外風光。

列車分為三條路線，一是從新青森經青森駛入津輕線，前往終點三廄站的路線；二是從八戶出發，並在野邊地站進入大湊線，前往終點大湊站的路線；三則是以八戶為起點，目標八戶線終點久慈站的路線。每條路線的運行日期不同，會以每天1往返班次的模式運行。

駛於本州北邊在地路線的臨時快速列車，從前端展望室眺望的景色別有一番風味

HB-E300系 Resort View 故鄉號　JR東日本

「Resort View 故鄉號」車廂編組

2號車	1號車
普通車	普通車
① 指定席	指定席 ①
① 包廂席	

行駛時能眺望日本故鄉·信州絕景的觀光快速列車

JR東日本領先全球，將混合動力車投入小海線後，接著更投入Resort快速列車，採用HB-E300系車輛。其中便包含2010年10月2日開始營運的「Resort View故鄉號」（リゾートビューふるさと），於週六假日以及春夏連假期間，行駛於長野～南小谷路段。列車為2節編組的4人座普通車廂，全車皆為指定席。

「Resort View故鄉號」的行駛區間為長野～松本～南小谷，途中自篠之井線經姨捨站時，還能透過車窗一覽古稱善光寺平的長野盆地風光，以及駛於北阿爾卑斯山麓的絕景。列車兩端的前頭處皆為展望室，分別設有面朝行駛路線的沙發。「Resort View故鄉號」是長野支社每天1往返班次運行的臨時快速列車。

能同時欣賞篠之井線及大糸線風光的觀光列車

HB-E300系 Resort 白神號 青池　JR 東日本

能欣賞五能線的荒涼景緻與日本海濤浪的臨時列車

「Resort白神號 青池」（ゾートしらかみ 青池）是通稱「白神三兄弟」、行駛於五能線的Resort快速列車之一，同時也是自1997年4月1日登場的首輛列車，為三兄弟的大哥。列車由3節キハ40系編組而成，於2010年9月21日切換為HB-E300系混合動力車，並且同時擴增為4節編組，由JR東日本秋田支社負責營運。列車全為指定席的普通車廂，1、3、4號車為4排座，僅2號車在靠海側設有包廂席，1、4號車的前端能眺望美景。「Resort白神號 青池」基本上每天都有運行。

能在舒適的車內欣賞五能線的荒涼景緻，是多麼地享受啊！

「Resort白神號 青池」車廂編組

4號車	3號車	2號車	1號車
普通車	普通車	普通車	普通車
① 指定席	指定席	指定席②	指定席 ①

←東能代　　　　　　　　弘前、青森→
①展望休憩室 ②包廂席

HB-E300系 Resort 白神號 橅　JR 東日本

雖為臨時列車，卻幾乎每天運行的「白神三兄弟」

「白神三兄弟」的二哥「橅」是從2003年4月1日開始營運，與「青池」同為3節編組，車輛也是使用キハ40系。變更為4節編組的混合動力車是在2016年7月16日切換。車內裝潢幾乎與「青池」相同，但3號車增設有吧檯。

臨時快速列車「Resort白神號」的「青池」、「橅」及「黑啄木鳥」每天各有1來回列次，合計3往返。

但當中的「黑啄木鳥」尚未切換為混合動力車。

與搭乘「青池」時的舒適度相當

「Resort 白神號 橅」車廂編組

4號車	3號車	2號車	1號車
普通車	普通車	普通車	普通車
① 指定席	② 指定席	指定席③	指定席 ①

←東能代　　　　　　　　弘前、青森→
①展望室 ②吧檯「ORAHO」 ③包廂席

貨車

ナハ29000型 Barbecue Car JR北海道

能在車內享受BBQ的客車

「Barbecue Car」車廂編組

1號車
普通車
BBQ席

若要追溯列車的起源,「Barbecue Car」(バーベキューカー)原本其實是名為ワキ10000型的貨車,並在2001年改造,型式名稱29000型中的「29」,是來自日文「肉」(にく)的發音。「Barbecue Car」車如其名,車內配置可享受BBQ的4人包廂。無

論桌子或座椅皆以木頭打造,感覺彷彿行駛於森林之中。

然而,「Barbecue Car」無法自行前進,因此需要藉助其他車輛的動力。一般會與此客車併結運行的是行駛於釧網本線的愉快列車「觀光慢車號」。

能夠邊欣賞飛逝風光,邊享受BBQ

トラ45000型 四萬Torocco號 JR四國

吹拂著四萬十川之風,盡情享受予土線

「四萬Torocco號」車廂編組

2號車	1號車
普通車	普通車
小火車	自由席

JR四國的予土線從江川崎到窪川路段,是沿著清流四萬十川行駛的知名風景路線。國鐵在1984年夏天將小火車投入予土線,JR四國承接後一路營運至今,經營過程中曾更名為「清流四萬十號」、「清涼四萬十號」和「四萬十Torocco號」,「四萬Torocco號」則是後來的列車名稱,車輛於2015年10月大整修。顏色也與牽引用的キハ54型一同換成鮮豔的金黃色。旺季時會以1列次

的班次往返於宇和島~窪川間。

另外還有1輛45000型的小火車,過去20年間投入「大步危小火車」的運行。該列車停駛後,又轉而投入「太平洋全景小火車」、「絕景!土讚線祕境小火車」等列車的營運,多半成為四國地區活動時的亮點。會與キハ185系共組成列車。

能從無車窗的小火車上,眺望清流四萬十川的美景。來自川流的風令人實在舒暢

JR
鐵道車輛型號

鐵道車輛的型號

　　無論JR還是其他私鐵的鐵道車輛，一定都會編列型號名稱與既有編號。這些數字是用來顯示車輛的車種，通常也是製造編號，因此可透過編號掌握該車輛的所屬資訊。

　　以下將針對JR旅客車（電車、氣動車、客車）、機車（電力機車、柴油機車、蒸汽機車），簡單說明如何辨別型號（省略貨物車）。

〔1〕旅客車

（1）旅客車的符號與語源

　　電車、氣動車與客車會依用途分類，並以不同的片假名加以區別。各用途的符號及語源如下。

符號	用　途	語　源
イ	舊1等車	依イロハ假名順序
ロ	舊2等車、綠色車廂	依イロハ假名順序
ハ	舊3等車、普通車廂	依イロハ假名順序
ネ	寢台車 （ロネ　A寢台） （ハネ　B寢台）	睡（**ネ**ル）
シ	食堂車	食堂（**ショ**クドウ）
ユ	郵務車	郵務（**ユ**ウビン）
ニ	行李車	行李（**ニ**モツ）
フ	緩急車	煞車（**ブ**レーキ）
テ	展望車	展望（**テ**ンボウ）
ヤ	事業用車	公務（役所，**ヤ**クショ）
エ	救援車	救援（キュウ**エ**ン）
ル	配給車	配給（クバ**ル**）
ヌ	暖房車	溫暖（**ヌ**ルイ）

（2）在來線電車的型號與製造編號

〈1〉功能符號

　　電車可依功能分成控制車（具駕駛室的駕駛車）、電動車（搭載馬達的動力車）與附隨車（無動力）；電動車又可細分控制電動車（具駕駛室和馬達的動力車）、中間電動車（具馬達的動力車）。對應符號（片假名）如右。

車　輛	符號
控制車	ク
控制電動車	クモ
中間電動車	モ
附隨車	サ

〈2〉供電方式符號

　　電車又可依行駛路線與供電方式，分為直流式、交流式（有50Hz區間用和60Hz區間用）、直交流式（50Hz區間用、60Hz區間用、50‧60Hz區間用）。會以下述符號（數字）對應在百位數。

車　輛	符號
直流	1〜3
交流	7、8
直交流	4〜6
試作車	9

クモハ115-1026

〈3〉車輛類型符號

　　表示該車輛的類型。

　　會以下述符號（數字）對應在十位數。

類　型	符號
通勤型	0
近郊型	1〜3
急行型	5〜7
特急型	8
試作車	9

〈4〉系列中的奇數與偶數

　　個位數會使用該電車系列的尾數減去1後的數字。以「モハ」為例，會將擁有主控制器的型號列為奇數。

〈5〉製造編號

　　「－」（破折號）之後的數字串為製造編號。

　　從1開始編起。即便是相同的型號，只要規格或目的不同，就會在製造編號的千位數、百位數、十位處加入編號。

　　（例）モハ101-1000

　　會在改造過的車輛製造編號中，加入千位數、百位數作為區分番台。

　　（例）JR東海的變頻式冷氣車為5000番台

〈6〉舊型電車的型號表示

舊型電車以十位數表示車長、個位數表示車輛功能。

（例）クモハ40-074

　　　車長20m，中短距離用的控制電動車，型號為
クモハ40型的75號車。

　　　　　クモ……控制電動車

　　　　　ハ……舊3等車（普通車）

　　　　　4……車長20m、中短距離用

　　　　　　　＊1、2：車長20m以下

　　　　　　　　3～7：車長20m、中短距離用

　　　　　　　　8：車長超過20m，長距離用

　　　　　　　　9：事業用車等

　　　　　0……電動車

　　　　　　　＊0～4：電動車

　　　　　　　　5～9：控制車、附隨車

　　　　　074……製造編號（從0依序編號）

〈7〉新型電車的型號標示

新型電車會依供電方式與類型，加以區分。

（例）モハ114-1027

　　　屬直流式近郊型電車115系1000番台，沒有主
控制器的中間電動車，為モハ114型的1027號
車。

　　　　　モ……中間電動車

　　　　　ハ……普通車

　　　　　1……直流式

　　　　　　　＊1～3：直流式

　　　　　　　　7、8：交流式

　　　　　　　　4～6：直交流式

　　　　　1……近郊型

　　　　　　　＊0：通勤型

　　　　　　　　1～3：近郊型

　　　　　　　　5～7：急行型

　　　　　　　　8：特急型

　　　　　　　　9：試作車

　　　　　4……使用該系列的尾數減去1後的偶數

　　　　　1027……製造編號

〈8〉JR 各社的特有符號

近來也常見JR各社編入自家特有符號的例子。

例如JR東日本會在型號開頭加入EAST的「E」。

　（例）E127系、E135系等

JR東日本的十位數為5，JR東海的十位數為7，則代
表特急型。

　（例）651系、373系等

JR西日本的221系，是將特規的Mc、M'、T、TC編
為221型號，1M類型的M_1、T_1、T_{1c}則是220型號，
兩種型號統稱為221系。

JR四國會以四位數字標示型號，千位數的1～3代
表氣動車、6～8代表電車。百位數則代表Mc、T等型
號，十位數則是以1～99來表示車輛編號。

(3)新幹線電車的型號與製造編號

國鐵時代的東海道・山陽新幹線、東北・上越新幹線
（包含山形新幹線與秋田新幹線）、北陸新幹線的編號方
式皆相同，但轉為JR後，開始出現各社特有的符號。其
中最大的變化，就屬JR東日本會在型號最前面放入代

表「EAST」的「E」，JR西日本則會放入代表「NEW」的
「N」。但是也有例外的情況，例如2014年3月開始營運的
北陸新幹線車輛，為了與JR東日本的「E7系」作區隔，
因此命名為「W7系」。包含JR九州在內，各社的編號規
則如下。

JR東日本

百位數……系列

十位數……用途

　1＝綠色車廂

　2＝普通車廂

　4＝綠色車廂

　5＝普通車廂

個位數……種類

　1、2＝前頭控制電動車

　3、4＝前頭控制車

　5、6、7＝中間電動車

　8、9＝中間附隨車

JR西日本

百位數……系列

（僅北陸新幹線以W7標示）

十位數……用途

　1＝綠色車廂（700系）

　2＝普通車廂（700系）

　6、7＝綠色車廂

　　　　（N700系）

　8＝普通車廂（N700系）

個位數……種類

　1、2＝前頭控制電動車

　　　　（500系）

　3、4＝前頭控制車

　5、6、7、8＝中間電動車

JR東海

百位數……系列

十位數……用途

　1＝綠色車廂（700系）

　2＝普通車廂（700系）

　7＝綠色車廂（N700系）

　8＝普通車廂（N700系）

個位數……種類

　3、4＝前頭控制車

　5、6、7＝中間電動車

　8、9＝中間附隨車

JR九州

百位數……系列

十位數……用途

　2＝普通車廂（800系）

　6、7＝綠色車廂（N700系）

　8＝普通車廂（N700系）

個位數……種類

　1、2＝前頭控制電動車

(4) 新系列氣動車符號

舉例說明如下。

(例) キロ181 183

特急型氣動車181系，キロ181型100番台的3號車。國鐵民營化後，各社便開始應用合適的開置號碼（JR四國的部分，請參考（2）〈8〉中，JR各社特有符號之內容）。

キ……氣動車日文（キドウシャ）的「キ」
ロ……綠色車廂
181……型號
　　＊百位數表示動力方式
　　　1、2：柴油引擎
　　　3：渦輪引擎
　　十位數表示類型
　　　規則與新型電車相同
　　個位數會使用系列尾數減1後的偶數
103……製造編號，從1依序編入。

(5) 客車的型號與製造編號

〈1〉客車符號

從第一位符號開始，依序代表重量區分、用途、型式、製造編號。

(例) スハフ42-2034

代表車體重量為37.5～42.5噸的急行用普通緩急車，スハフ42型的34號車（附有電暖器）。

ス……重量區分
　＊コ：未滿22.5 t
　　ホ：22.5 t以上，未滿27.5 t
　　ナ：27.5 t以上，未滿32.5 t
　　オ：32.5 t以上，未滿37.5 t
　　ス：37.5 t以上，未滿42.5 t
　　マ：42.5 t以上，未滿47.5 t
　　カ：47.5 t以上
ハフ……用途
42……型號
　＊舊型客車（20系之前）的基本分類
　　10番台：輕量客車
　　30番台：戰前製造的車輛
　　40番台：戰後製的特急、急行用客車
　　60番台：鋼體改造客車
　　70番台：戰災復興客車
2034……製造編號，從1依序編入。
　　2000番台為附有電暖器的車輛。

〈2〉JR東日本特有符號

只有「仙后座號」使用的客車「E26系」最前頭有EAST的「E」。「四季島號」的客車型號編法並未對外公布。

〔2〕機車

(1) 機車的動軸數

蒸汽機車、電力機車、柴油機車都是以動軸數作為標記符號（數字）的依據（部分蒸汽機車例外）。軸數代表的符號如下。

符號	B	C	D	E	F	H
動軸數	2	3	4	5	6	8

上述的軸數標示，蒸汽機車會顯示於第一個符號，電力機車與柴油機車則是放在第二個符號。

此編號規則自1929年開始實施，此前的車輛也予以變更，但蒸汽機車9600型與8620型維持不變。

(2) 電力機車的型號與製造編號

〈1〉電力機車的代表符號

電力機車型號的最前方是代表電力機車的「E」，也就是「Electric」的意思。

〈2〉電力機車的型號標示

英文字母之後的數字則依供電方式、性能等區分。

數字	性能與供電方式
10～29	最高速度未滿85 km的直流式電力機車
30～39	最高速度未滿85 km的直交流式電力機車
40～49	最高速度未滿85 km的交流式電力機車
50～69	最高速度超過85 km的直流式電力機車
70～79	最高速度超過85 km的交流式電力機車
80～89	最高速度超過85 km的直交流式電力機車
90～99	試作機車

舉例說明如下。

(例)EF 64 1001

　　動軸數為6個，最高速度85 km以上的直流式電力機車，EF64型1000番台的1號機。製造編號從1依序編入。

〈3〉機車種類對應的型式編號

　　廢除以最高速度做區分，改依馬達類型分類的新方法。

型式編號	型式編號	型式編號
100 - 190		直流馬達
200 - 290	直流式	交流馬達
300 - 390		其他
400 - 490		直流馬達
500 - 590	直交流兩用	交流馬達
600 - 690		其他
700 - 790		直流馬達
800 - 890	交流式	交流馬達
900 - 990		其他

(3) 柴油機車的製造編號

〈1〉柴油機車的代表符號

　　柴油機車型號的最前方是代表柴油機車的「D」，也就是「Diesel」的意思。

〈2〉柴油機車的型號標示

　　英文字母之後的數字，則依性能等區分。

(例)DD 51 745

　　動軸數為4個，最高速度85 km以上的柴油機車，DD 51型500番台的第245號機車。製造編號從1依序編入。

數字	性 能
10～49	最高速度未滿85 km
50～89	最高速度超過85 km
90～99	試作機車

(4) 蒸汽機車的型號與製造編號

　　蒸汽機車並沒有特有符號。代表動軸數的英文字母之後，只有用來區分水箱式與水櫃式的數字。

數字	區 分
10～49	水箱式蒸汽機車
50～99	水櫃式蒸汽機車

(例)C 58 363

　　動軸數為3個，水櫃式蒸汽機車C 58型的363號機。製造編號從1依序編入。

但在導入此規則之前製造的9600型與8620型機車，則依循下述規則。

數字	性 能
1～4999	水箱式蒸汽機車
5000～9999	水櫃式蒸汽機車

　　該兩款車種的1號機分別從9600番、8620番開始算起，且之後的製造車輛數眾多，因此9699號與8699號之後，就是在前方加1，變成19600號與18620號，重新編號。因此19600號代表101號機，18620號則代表81號機。

(例)58654

　　8620型水櫃式蒸汽機車的535號機車。

【混合動力車型號】

　　為了非電氣化地方路線所開發的混合動力車，目前有JR東日本電車款的EV-E301系與EV-E801系兩款、氣動車款的キハ-E200系與HB-E01系兩款，以及JR九州電車款的BEC819系，共計5款。由於JR九州僅一款混合動力車，難以判斷，但其實JR東日本也並未統一成能立刻辨別出混合動力車的型號。後續動向仍有待持續觀察，不過推測應該會維持現狀。

JR's Railway Cars

日本JR 鐵道車輛 全圖鑑

② 氣動車篇

SAISHINBAN JR ZENSHARYO DAIZUKAN

© 2018 Takayuki Haraguchi, Hirokazu Inoue

All rights reserved.

Originally published in Japan by SEKAIBUNKA PUBLISHING INC.

Chinese (in traditional character only) translation rights arranged with

SEKAIBUNKA PUBLISHING INC. through CREEK & RIVER Co., Ltd.

出　　　版／楓書坊文化出版社
地　　　址／新北市板橋區信義路163巷3號10樓
郵 政 劃 撥／19907596　楓書坊文化出版社
網　　　址／www.maplebook.com.tw
電　　　話／02-2957-6096
傳　　　真／02-2957-6435
編　　　著／原口 隆行
攝　　　影／井上 廣和
翻　　　譯／蔡婷朱
責 任 編 輯／江婉瑄
內 文 排 版／楊亞容
港 澳 經 銷／泛華發行代理有限公司
定　　　價／350元
初 版 日 期／2020年5月

國家圖書館出版品預行編目資料

日本JR鐵道車輛全圖鑑. 2, 氣動車篇 / 原口隆
行編著；蔡婷朱譯. -- 初版. -- 新北市：楓書坊
文化, 2020.05　面；　公分

ISBN 978-986-377-581-2（平裝）

1. 鐵路　2. 電車　3. 日本

557.2631　　　　　　　　　　109002684